SECONDE ÉTUDE

LA

PROPAGANDE

DE

L'INSTRUCTION

PAR

H. LENEVEUX

Fondateur de la *Bibliothèque utile*

« Savoir, c'est pouvoir. »
(BACON.)

AVANT-PROPOS

Serait-il possible, au temps où nous sommes, d'admettre encore que des milliards d'êtres humains, créés par Dieu avec les organes de la pensée et de l'action, n'auraient à faire usage que de leurs muscles, et que, se laissant ainsi réduire au rôle de bêtes de somme, ils devraient abandonner à une petite caste de mandarins le monopole des nobles travaux de l'esprit ?

Non : les satisfactions de l'intelligence sont devenues pour tous un droit aussi évident que le droit de vivre.

Et, comme toute injustice sociale emporte avec elle sa punition, laisser les masses dans l'infériorité intellectuelle, ce serait perpétuer une foule de maux qui frappent aussi bien sur les mandarins que sur les non-lettrés.

Il faut donc proclamer par-dessus les toits la nécessité absolue de distribuer à tous, avec la plus grande largesse, les incontestables bienfaits de l'instruction.

Il faut convaincre les gens instruits que cela n'est pas impossible.

Il faut faire comprendre aux gens peu éclairés que cela est utile.

Il faut enfin que cessent ces douloureux malentendus qui ont jusqu'ici marqué les phases de la civilisation par des torrents de sang versé. Le progrès a trop longtemps appelé à son aide la violence et l'extermination. C'est à coup de lances ou de mousquets que procédaient les civilisateurs d'autrefois, et on doit expliquer par là avec quelle lenteur se sont réalisées les plus légitimes améliorations sociales. Frappés, mais non convertis, les vaincus mouraient sans recevoir la lumière qu'on prétendait leur apporter, et leur sang, au contraire, élevait de nouveaux obstacles à la marche progressive de la justice et de la vérité.

Mais lorsque l'imprimerie donne à la raison humaine le moyen le plus sûr, le plus légitime, de lutter contre les doctrines de ténèbres et d'oppression, l'héroïsme et le dévouement du combattant doivent être exclusivement réservés pour la défense des droits impérissables de discussion et d'examen, les seuls instruments sûrs d'un meilleur avenir.

Pénétrons-nous donc bien de cette idée que l'instruction est le plus puissant levier des grandes choses qui restent à faire, et qu'elle est en outre le seul moyen d'apporter à la situation individuelle de chacun les améliorations matérielles que notre temps réclame et comporte.

———

I

Jusqu'à l'explosion de notre grande Révolution, on ne s'était pas expliqué nettement sur ce qu'il fallait entendre par ces mots : « Instruire le peuple. »

Le clergé étant à peu près seul chargé de l'enseignement, la vieille monarchie rendait des édits pour que l'enfant ne manquât pas d'apprendre le catéchisme, et rois et prêtres croyaient avoir suffisamment rempli leur devoir envers les peuples.

La Révolution se chargea de démontrer ce qu'on pouvait et ce qu'on devait attendre du développement de l'instruction au sein des masses, et, bien que rien de définitif n'ait pu être fondé par elle dans cette voie, elle y a laissé, comme partout, son empreinte grandiose, et les assises impérissables d'une œuvre à achever par les générations actuelles.

Depuis lors, le droit de tous à l'instruction, les bienfaits du savoir, la propagation des lumières, sont devenus des mots obligatoires pour les programmes de tous les partis, de toutes les sectes politiques, philosophiques ou religieuses ;

mais, quand des mots on passe aux choses, on retrouve en face l'ancien régime et la Révolution.

Il est encore de ces orgueilleux théoriciens qui, se croyant probablement au-dessus du gros de l'humanité, considèrent les peuples comme des troupeaux dont la conduite leur a été donnée par ordre providentiel, et ne craignent pas d'invoquer des textes religieux à l'appui de leur despotique prétention.

Le premier pas de l'enfant vers l'école leur rappellera toujours Adam touchant à l'arbre de la science, et tous les maux qui en découlent, d'après la légende biblique, se présenteront en foule à leur inquiète pensée.

Si, en effet, ils regardent cette terre comme « une vallée de larmes et de misère, » ces pharisiens pourront être spécieusement amenés à penser que le progrès est une chimère, la civilisation et son bien-être une désobéissance aux décrets de la Providence, et l'instruction, qui est l'instrument de ces progrès et de cette civilisation, une chose sinon dangereuse, au moins inutile.

Il est donc encore bon nombre de fanatiques qui n'acceptent l'instruction que sous réserve, comme un auxiliaire quelquefois utile de la religion, et à la condition qu'elle ne servira qu'à mieux faire recevoir cette dernière. Si l'on doit apprendre à lire, c'est pour lire le catéchisme et les livres saints; si l'on doit écrire, si l'on doit chiffrer, c'est pour les besoins et les relations de la vie privée. Et comme on pourrait se servir de la lecture pour un autre objet que celui qui a été déterminé, comme beaucoup de livres pourraient induire en erreur celui qui sait lire, ou le mener à mal, il y a des sociétés qui publient ou recommandent « les bons livres » et une congrégation de l'Index qui signale les mauvais.

Tout ce qui n'invoque pas à chaque ligne la divinité, tout ce qui ne dénigre pas constamment les efforts de l'esprit humain, tout ce qui ne rabaisse pas la science, est mis en suspicion. Et la proscription du livre où se révèle un instinct quelconque de liberté s'aggrave d'une protection absurde accordée à celui qui peut abrutir ou tromper les masses. Pour faire passer des récits de miracles impossibles, « les amis des bons livres et des saines doctrines » ferment les yeux sur la circulation des ouvrages traitant de sorcellerie et de nécromancie. Il leur semble que les procédés des tireuses de cartes et des préparateurs du marc de café soient la préface obligée, l'auxiliaire indispensable de leurs enseignements mystiques et surnaturels.

La plupart de ces expurgateurs de livres agissent de la meilleure foi du monde. L'imprimerie et la liberté de la presse leur paraissent un fléau qu'il n'est plus possible de conjurer, et auquel il faut céder quelque chose pour ne pas tout perdre. La majeure partie des populations ayant très longtemps vécu dans l'ignorance, ils en concluent naturellement qu'elles peuvent se passer d'instruction, surtout quand ils les voient se maintenir sans trop de difficulté dans l'obéissance passive et la résignation. Et lorsque, au contraire, ils voient parfois se manifester l'esprit de révolte au sein de la partie la plus éclairée, ils croient véritablement obéir à une loi supérieure d'harmonie sociale, en maudissant et en entravant autant qu'ils le peuvent les développements de l'instruction.

Ils ne comprennent pas ce que cette apparence de tranquille résignation chez les uns révèle de souffrances et de colères comprimées, et ils ne se doutent pas que l'esprit de révolte des autres n'est très souvent qu'un esprit d'ordre et de justice.

Leurs doctrines, qui n'ont assurément rien de religieux dans le grand et vrai sens du mot, puisqu'elles séparent les hommes au lieu de les unir, ne sont pas seules à lutter contre le torrent des idées nouvelles. Ces théories d'un autre âge ont été peut-être dépassées par certains politiques, qui ont cru aussi que l'ordre matériel des sociétés pouvait être ébranlé si les populations avançaient trop rapidement dans la route du savoir. Il est encore des hommes que le progrès des temps, que les lueurs civilisatrices de la fin du XVIIIe siècle, n'ont pas encore convaincu de l'égal droit qu'ont tous les hommes de développer leur intelligence. Ceux-là aussi font des masses « un troupeau. » A ce troupeau, qu'ils nomment volontiers les *classes inférieures*, serait dévolue le lot exclusif du travail manuel : à eux (*classes supérieures*, sans doute), le monopole du savoir et de la direction. Il faut, comme aux partisans exclusifs du catéchisme, leur rendre cette justice, qu'ils sont généralement de bonne foi dans leurs ridicules prétentions à l'aristocratie de l'intelligence. Ils oublient que le christianisme a précisément détruit ce préjugé des sociétés antiques, cette sauvage théorie de l'infériorité des hommes qui naissent sans fortune, et dont la destinée unique serait de pourvoir, par le travail manuel, aux besoins matériels de tout l'ensemble.

Nous n'avons pas besoin d'insister sur ce qu'une semblable théorie renferme de ferments de discorde et d'éléments de guerre civile. Ses professeurs le sentent bien de temps à autre, et c'est dans un de ces bons moments qu'ils ont aidé à développer et à organiser les écoles, et que le plus célèbre d'entre eux a marqué en noir sur la carte de France, comme pour les désigner au blâme public, les départements où l'instruction est moins répandue.

Mais ils s'arrêtent parfois, inquiets de ce que va produire ce mouvement intellectuel, cette force nouvelle dont ils ont un moment favorisé l'expansion, et dont les résultats ne répondent pas à leur désirs, ou dépassent de beaucoup leurs prévisions.

Nous serions injustes si nous ne faisions succéder aux reproches que nous venons d'adresser à une certaine partie de ce qu'on a appelé la bourgeoisie française, l'expression de notre reconnaissance pour les services rendus à l'enseignement par une autre partie de cette même bourgeoisie, digne héritière des traditions de la Révolution. Elle a plus fait, peut-être, pour ceux qui ont besoin d'apprendre, que ceux-ci même ne lui demandaient. C'est elle qui a créé les écoles mutuelles pour faire contrepoids aux tentatives d'envahissement du clergé ; c'est elle qui, plus tard, a organisé l'instruction primaire, élargi les programmes, amélioré la situation des instituteurs. C'est elle encore qui a fondé des associations pour la propagation de l'instruction, créé les cours publics gratuits, publié un grand nombre de livres destinés à continuer l'instruction au delà de l'école. Nous aurons occasion de revenir sur ces diverses créations ; mais, nous le répétons, nous avions hâte de prouver que nous n'avions ni oublié ni méconnu ces nobles efforts de « la sœur aînée du peuple. »

Ces efforts étaient d'autant plus nécessaires qu'ils avaient pour but de défendre, non pas telle ou telle conquête de la Révolution, mais tout le régime nouveau qu'elle était venue inaugurer. Les restaurateurs du passé, comprenant que si la séparation du spirituel et du temporel continuait à s'effectuer progressivement, c'en était fait de leurs espérances, ont livré leurs dernières batailles sur le terrain de l'éducation publique, dont ils voulaient ressaisir le monopole. De leur côté, les partisans des idées nouvelles ont souvent visé à s'emparer de la direction supérieure des écoles, ou du moins à la mettre aux mains d'un gouvernement libéral, afin d'être maîtres de l'éducation par l'instruction, puisque, dans la pensée des législateurs révolutionnaires, ces deux choses, autrefois distinctes, devaient désormais être inséparables.

II

Avant d'aller plus loin, nous demandons au lecteur la permission d'émettre quelques réflexions, toutes personnelles, sur cette grave matière de l'éducation et de l'instruction.

L'éducation était autrefois définie « l'art de manier et de façonner les esprits. » Pour la société monarchique dont Louis XIV avait été le plus haut représentant, la définition était parfaitement juste : l'éducation n'était et ne pouvait guère être alors qu'une sorte de pétrissage et de mise en moule des intelligences, afin de les préparer à l'obéissance et à la servitude. Les despotes ayant toujours eu la prétention d'être les pères de leurs « sujets, » il était naturel que ceux-ci fussent toujours traités en enfants, c'est-à-dire éduqués, sermonnés, moralisés, récompensés ou châtiés, selon qu'ils seraient plus ou moins sages.

Mais une pareille définition de l'éducation ne saurait plus être admise aujourd'hui que par les rêveurs de ce triste passé. On s'accorde généralement à comprendre sous le nom d'éducation tout ce qui tend, sous une forme ou sous une autre, à développer les sentiments affectueux et dévoués du cœur humain, à l'exciter aux grandes choses, aux nobles actions, et à combattre en même temps les instincts dont le développement anormal pourrait être nuisible à la fois à l'individu et à la société.

Qui doit donner cette éducation? Qui doit frapper ce type moral destiné à servir de modèle, formuler les notions élémentaires de ce qui est bien et doit être encouragé, comme de ce qui est mal et doit être réprimé? C'est ici qu'entrent en lutte la Religion, l'Etat, la Famille et les Partis. Comme on tient pour absolument vrai que « celui qui dirige l'éducation est maître de l'avenir, » toutes les doctrines qui veulent convertir le monde, celles qui l'ont autrefois possédé, et celles qui le mènent aujourd'hui, veulent conquérir, recouvrer ou conserver le monopole de l'éducation. Et comme on comprend bien mieux, aujourd'hui, que l'instruction est l'instrument le plus puissant, sinon l'unique, de cette éducation, c'est vers la direction absolue de l'enseignement que se dirigent tous les efforts.

Le catholicisme profiterait bien de sa position de religion de la majorité (majorité plus nominale que réelle) pour réclamer ce qu'il croit être son droit. Mais comme il n'est plus possible d'ébranler désormais le principe de la liberté de conscience, le clergé semble s'y résigner, et se borne à demander sa place au soleil. Il espère, non sans quelque apparence de raison, qu'avec les moyens puissants dont il dispose, il écrasera facilement toute concurrence.

Les sectes dissidentes, habiles à profiter de toutes les fautes et de toutes les faiblesses de Rome, ne restent pas non plus inactives. Minorité, elles cherchent par une active propagande à devenir majorité, et pour y arriver, elles se servent avec habileté des moyens que la loi sur l'enseignement met à leur disposition. Il est fort douteux, néanmoins, qu'elles voient réaliser leurs espérances. Séparées du catholicisme par des questions qui sont loin d'avoir, aux yeux du philosophe, l'importance qu'elles eurent autrefois ; nées en haine d'abus qui ont disparu pour être remplacés par d'autres, les Eglises réformées peuvent infiltrer à notre siècle un relatif esprit de liberté, mais elles ne feront pas moisson d'abjurations. L'acceptation de la loi morale du christianisme par la raison humaine, son influence incontestable et incontestée sur nos mœurs, et sa présence dans nos lois, rendent beaucoup moins utile la forme dans laquelle on l'a enseignée jusqu'ici aux nations de l'Europe. Lorsque d'ailleurs les hauts docteurs du catholicisme condamnent les plus légitimes revendications du droit, et que plusieurs du protestantisme invoquent en ce moment même les textes sacrés pour maintenir l'esclavage des noirs aux Etats-Unis, si l'on sort de l'église, ce ne sera pas pour entrer au prêche.

A toutes les tentatives cléricales pour ressaisir le monopole de l'enseignement, l'Etat oppose depuis longtemps ce qu'il nomme aussi son droit. Chaque fois que la royauté a pu craindre que l'enseignement religieux portât atteinte à son autorité, elle l'a amoindri ou subalternisé. Et ce n'a pas toujours été au profit de la civilisation. L'esprit de liberté qu'a soufflé parfois le catholicisme, ses idées de fraternité des peuples, ont dû, à certaines époques, faire froncer le sourcil aux maîtres de la terre. Quelquefois, par contre, la monarchie défendait contre la papauté les droits imprescriptibles de la conscience humaine. Mais au fond, l'une et l'autre ne considéraient l'éducation que comme un moyen de créer des sujets obéissants et fidèles. Quand l'Etat s'appela la Révolution française, il voulut, lui aussi, à meilleure intention sans doute, s'emparer de l'esprit des jeunes générations, et leur inculquer un enseignement conforme à ses plans gigantesques de rénovation sociale. Ce fut là une des grandes préoccupations de cette héroïque époque : les travaux de l'Assemblée nationale et de la Convention en témoignent. Avant de fonder la liberté, nos pères avaient à démolir l'ancien ordre de choses, et, dans leur lutte contre des résistances faciles à comprendre, ils croyaient devoir se servir des propres armes de leurs adversaires. Ils n'en eurent même pas le temps.

Le gouvernement de fer qui s'établit sur ce champ de bataille n'eut garde de négliger le moyen gouvernemental par excellence, et l'éducation devint sous sa main plus puissante qu'elle ne l'avait jamais été. On mania et façonna les esprits, on les prépara, avec des soins infinis, au régime nouveau, ce qui n'empêcha pas l'Empire de tomber à son tour, et la Restauration de suivre les mêmes errements, pour aboutir à la même fin.

Si donc la direction absolue de l'enseignement par l'Etat a eu depuis 1789 de nombreux partisans, c'est surtout au point de vue de la conservation des gouvernements, et ce sont les partis tour à tour dominants qui ont cru trouver là un instrument de propagande pour leurs idées.

Ils ont eu, selon nous, le tort grave de ne pas considérer avant tout l'intérêt de la société civile, abstraction faite de toutes les formes gouvernementales, qu'elle subit dans leurs variations, sans voir pour cela ébranler ses bases fondamentales. Ces exclusifs, en mettant le pouvoir exécutif au-dessus de tout, ont créé la dévotion à l'autorité, le culte de l'homme en place, et au lieu de faire des citoyens, ils n'ont jamais élevé qu'un peuple de courtisans, appui fragile, que le moindre souffle agite et renverse.

Aux mains des fanatiques d'autorité, l'éducation n'est toujours que l'art de façonner les esprits à une servitude plus ou moins déguisée. Elle se préoccupe avant tout de dresser les hommes à l'obéissance et aux apparences du respect; elle ne prépare pas un peuple digne et fort.

III

Nous croyons que l'éducation devrait se diviser en trois parties bien distinctes : l'éducation religieuse, l'éducation civique, l'éducation familiale. La première serait exclusivement réservée aux ministres des différentes croyances, d'après le vœu et la volonté des familles, librement exprimés. La seconde serait dévolue aux instituteurs. La troisième, enfin, serait l'œuvre de la famille elle-même. L'instruction reçue dans les écoles serait l'instrument général de ces trois faces de l'éducation.

Nous savons bien quelles objections nombreuses et formidables vont surgir de toutes parts au simple énoncé de cette division.

La famille, nous dira-t-on tout d'abord, est-elle toujours apte à donner cette partie de l'éducation que vous lui réservez, et qui est peut-être la plus importante? Les salles d'asile n'ont-elles pas dû leur succès précisément à cette incapacité ou à cette impuissance présumées de la famille ?

Nous avouons que cette première objection est grosse comme une montagne. Si l'on ne considère que ces pauvres familles d'ouvriers des villes, accablées sous le poids incessant d'une vie de labeur sans répit et sans trêve, où le travail des deux époux est absolument nécessaire et ne peut se trouver qu'au dehors; où l'ignorance première et la misère ont engendré des vices; assurément, pour les enfants qui naissent de ces unions, la salle d'asile est un bienfait. Mais il ne faut pas oublier que l'œuvre de Mme de Pastoret, comme celle de Saint-Vincent de Paul, n'est que le palliatif d'une plaie sociale et non une institution de l'avenir. La salle d'asile est à l'âme de l'enfant ce que les Enfants-Trouvés sont au corps, et ces deux institutions cherchent à remplacer ce qui ne pourra jamais l'être : les soins et le cœur d'une mère.

La famille, en France, est fortement et admirablement constituée. Ce serait, il nous semble, calomnier notre temps et notre pays que de ne pas reconnaître au père et à la mère l'aptitude et la moralité nécessaires pour faire l'éducation première des enfants. Assurément l'intelligence des moyens fera quelquefois défaut; la mère transmettra trop souvent, avec les excellentes choses de la tradition qui lui a été transmise, les erreurs et les préjugés qui se sont perpétués par la même voie. Mais l'école, et plus tard le développement croissant des études détruiront erreurs et préjugés. Devenus à leur tour éducateurs, les élèves d'hier épargneront à leurs enfants ces quelques vices de leur éducation.

Cette première éclosion du cœur des enfants par la mère nous paraît préférable à celle que pourrait obtenir un ministre du culte, ou un instituteur, si aimants, si intelligents qu'on les suppose. Chacun d'eux peut d'ailleurs compléter l'œuvre des parents sans sortir de la ligne que nous avons tracée. Toutes les religions enseignent les vertus de famille, l'amour des parents, la docilité à leurs enseignements, et le bon citoyen ne peut se former que de l'étoffe d'un honnête homme.

Nous arrivons à une seconde objection. Si les familles restent absolument libres de choisir, et, par là même, de refuser l'éducation religieuse pour leurs enfants, n'est-il pas à craindre que par indifférence souvent, par hostilité quelquefois, elles les en laissent privés? Nous touchons ici à une des questions les plus délicates de l'exercice de l'autorité du père de famille. En principe, refuser à ses enfants l'éducation religieuse est un acte qui entraîne une redoutable responsabilité pour la conscience du chef de famille; mais nous ne voyons pas qu'il soit possible de nier sa liberté entière sur ce point. En fait, nous nous bornerons à constater ce qui se passe. Malgré l'indifférence très manifeste de nos concitoyens pour les pratiques religieuses, les habitudes, les nécessités du milieu où nous vivons, l'état de nos mœurs, et cette responsabilité dont nous venons de parler, ne permettent pour ainsi dire à personne d'user d'une liberté qui existe cependant bien réellement.

Voici une troisième objection, assez grave aussi. En laissant l'éducation religieuse aux seules mains des ministres des cultes, et l'éducation civique aux instituteurs, que deviennent les corporations religieuses enseignantes, lesquelles donnent à la fois et l'instruction et l'éducation religieuse? Ces corporations ne font l'école, on le comprend aisément, que pour avoir l'occasion d'appeler un plus grand développement de l'association religieuse. Leur enseignement est gratuit; stimulé par la concurrence, il est au niveau de celui des instituteurs, et les familles pauvres des campagnes y trouvent pour leurs enfants la place qu'on ne leur accorderait peut-être ailleurs qu'avec l'humiliation d'une déclaration légale d'indigence.

Il serait malheureux qu'aujourd'hui ces écoles cessassent d'exister; et quand même la gratuité de l'instruction serait décrétée demain, elles auraient encore, de par la liberté, le droit de continuer, si elles le voulaient, les services qu'elles rendent. Toutefois, elles perdraient énormément de leur importance lorsque les autres écoles seraient gratuites comme elles; et si l'on exigeait pour leurs directeurs et pour leurs professeurs, ce qui nous paraît de toute justice, le brevet de capacité, en même temps qu'on leur ferait substituer l'éducation civique à l'éducation religieuse, il est probable que, le motif de prosélytisme qui les maintenait cessant, elles disparaîtraient presque entièrement.

Nous laissons sans réponse, nous le sentons bien, une foule d'objections de détail. Mais comme nous n'avons pas de parti pris, que nous ne sommes mus par aucun esprit d'hostilité contre l'éducation religieuse, qu'au contraire nous désirons la voir dégagée de toute alliance impure avec les passions humaines, de quelque nature qu'elles soient, nous bornons là cet exposé incident sur notre propre manière d'envisager l'éducation.

Nous ajouterons cependant un dernier mot. L'éducation ne nous paraît pas avoir la toute-puissance qu'on lui attribue, et quiconque la dirige ne nous semble pas pour cela maître absolu de l'avenir. Nos grands-pères, élevés à l'école du respect pour le soleil monarchique, ont parcouru l'Europe en chantant la *Marseillaise*; nos pères, dont le *Catéchisme des droits de l'homme et du citoyen* a été le livre de lecture, ont subi le régime rigoureux de l'Empire, et nous-mêmes, qui récitions à l'école le testament de Louis XVI, nous avons battu des mains à la révolution de Juillet et aidé de notre mieux à celle de 1848.

Il y a dans la nature humaine une tendance à réagir contre tout ce qui est dogmatiquement imposé, et il nous semble qu'on ne tient pas assez compte de cette disposition. La philosophie du XVIIIe siècle n'est-elle pas sortie tout entière des écoles religieuses, et Voltaire ne fut-il pas l'élève des Jésuites?

Et non-seulement l'éducation ne nous paraît pas avoir sur les générations la toute-puissance qu'on lui accorde, mais il est, en outre, incontestable qu'elle a très certainement, et sous quelques rapports, de graves inconvénients, au point de vue religieux et au point de vue civique.

L'éducation religieuse, l'enseignement chrétien, ont sans doute pour objet et pour résultat de faire pénétrer dans les cœurs la morale la plus pure et la plus conforme aux besoins des sociétés humaines. Mais cet enseignement, dans la forme que lui donne le clergé, n'en est pas moins empreint d'une intolérance en quelque sorte impossible à éviter. Convaincues qu'elles possèdent seules la vérité qui sauve, les différentes églises ne veulent et ne peuvent pas se reconnaître mutuellement le même caractère de vérité. Il résulte de là que les enfants, au lieu d'être élevés dans l'amour du prochain, sont amenés à plaindre, et quelquefois à haïr, les dissidents de la croyance qu'on leur inculque. Les enfants israélites ne l'éprouvent que trop, même au sein des villes les plus tolérantes, et les populations méridionales de la France, où le protestantisme subsiste en face du catholicisme, reçoivent tellement cette empreinte de fanatisme que les effets s'en font sentir dans toutes les relations et à tous les âges de la vie. C'est que la liberté de conscience est un non sens pour les hommes de foi absolue. Ils la subissent, mais ne l'acceptent pas.

L'enseignement civique, lui aussi, peut avoir son fanatisme et ses dangers. Il n'est pas toujours facile d'accorder l'idée de la fraternité des peuples avec les exaltations du sentiment national : l'amour de la patrie peut très bien se laisser aller à la haine aveugle de « l'étranger. » La tradition aidant,. il est presque impossible que les enfants ne soient pas persuadés de la supériorité absolue de notre nation sur toutes les autres, à ce point de mépriser quiconque n'a pas le bonheur d'être Français. Nous n'avons pas besoin de pousser plus loin cette observation : chacun la comprend et en sent la vérité.

Ces inconvénients sont moindres dans la partie de l'éducation qui a pour but de développer le côté aimant de notre nature, éducation qui se fait beaucoup moins par le raisonnement que par l'exemple constamment donné. Aimer l'enfant est le plus sûr moyen de le faire bon ; le dominer despotiquement, même dans son intérêt et avec les meilleures intentions, c'est semer la servilité et la lâcheté pour récolter la haine sourde ou la révolte ouverte. Le seul écueil de l'éducation familiale se trouve dans le respect exagéré de la tradition. Le livre de notre ami Ott (1) démontre clairement où mène le culte

(1) L'*Inde et la Chine*, tome XVI de la *Bibliothèque utile*.

des ancêtres poussé à l'absurde. C'est la négation la plus absolue du progrès, la consécration de l'immobilisme.

Prenons donc l'éducation pour ce qu'elle est réellement : une culture première des instincts, en attendant que la raison soit éclose. C'est assez dire que l'éducation s'applique exclusivement à l'enfance, pendant que l'instruction doit se continuer à tous les âges. En d'autres termes, l'instruction est l'instrument de la raison, elle mène à la liberté de choisir, d'accepter ou de refuser, au nom de la conscience individuelle, telle ou telle doctrine ; l'éducation, au contraire, suppose une doctrine supérieure à l'état actuel de l'humanité, ou tout au moins à la jeune génération qui s'élève, et elle lui impose, en attendant que la raison et la conscience les acceptent ou les rejettent, les notions qu'elle possède sur ce qui est bien, sur ce qui est mal.

Si l'enseignement des hommes ne peut plus être, en notre dix-neuvième siècle, avec nos besoins impérieux et vivaces de liberté religieuse et politique, le monopole de qui que ce soit, si c'est à la grande école de la controverse que les penseurs se forment aujourd'hui, si l'on ne peut plus imposer une croyance comme une consigne, et une opinion comme un uniforme, il faut cependant reconnaître que l'enfant, lui, ne peut choisir entre les diverses doctrines qui, plus tard, lui donneront occasion d'exercer son libre arbitre, et que pour le préparer à vivre dans telle ou telle société, il est nécessaire de lui donner dès le jeune âge les notions premières de ce que cette société considère comme sa règle de conduite morale.

Mais cette éducation ne saurait jamais être séparée de l'instruction, et elle n'est en quelque sorte que préparatoire. Les catholiques ont donc tort de croire que le catéchisme pourrait suffire à tout, sous ce prétexte qu'un bon chrétien est nécessairement un honnête homme : car il ne faut pas une forte dose d'intelligence pour voir combien les pensées morales qu'on prêche gagneraient à être comprises par la raison des auditeurs, et il suffit d'un voyage à travers nos campagnes pour reconnaître que les populations dont le clergé nous offre en exemple la foi naïve, sont, par le fait même de leur ignorance, aussi bien préparées à croire le sorcier que le prêtre. Il y a donc là un immense danger, et une civilisation obtenue ainsi, par l'éducation et sans l'instruction, est encore bien voisine de la barbarie.

IV

L'état d'ignorance où la plupart des hommes sont encore plongés, dans ce siècle de lumières, fait frémir. On se demande comment l'ordre et la justice peuvent régner au milieu d'une société où la raison ne fait que jeter ses premières lueurs, et l'on comprend que l'empire de la force essaye encore une transition douloureuse et fatale entre les temps de la morale imposée et ceux de la morale volontairement acceptée. Ce qui reste de sincères croyants, acceptant sans nulle pensée d'examen et de contrôle ce qui leur est enseigné, Dieu seul le sait ; mais nous pouvons hardiment affirmer que tous ceux qui savent lire et qui ont lu autre chose que des livres de religion, ont été pénétrés par le doute et sont plutôt restés, quant aux pratiques religieuses, sous le joug de l'habitude que sous l'empire de la foi. Parmi les plus éclairés il en est qui ont cherché, comme on le dit chaque jour, l'accord de la foi et de la raison, et n'en trouvant pas la loi, ils ont hypocritement pris parti pour des croyances très ébranlées dans leur esprit, mais qu'ils jugent absolument nécessaires à l'existence des sociétés. De là ces affirmations exhumées de l'antique, qu'il faut une religion pour le peuple et une philosophie pour l'aristocratie.

Il faut cependant qu'un jour ou l'autre la gravité de cette situation soit sérieusement envisagée, et que la solution en soit résolument tentée. La liberté de conscience, conquise au prix de tant de douleurs et après des luttes si atroces, ne permet plus d'imposer la théologie de telle ou telle Eglise, ni l'obligation de participer aux cérémonies de tel ou tel culte. Mais il faut qu'en même temps l'instruction permette à l'homme de comprendre que le fonds d'idées morales du christianisme, abstraction faite du mysticisme qui l'a environné jusqu'ici, répond pleinement aux idées de justice qui sont le fondement nécessaire des sociétés humaines. Il le comprendra non-seulement avec sa conscience, qui lui dira que la fraternité est une loi sublime, mais encore avec sa raison, qui lui prouvera, par l'ensemble des faits historiques, que le progrès constant des peuples vers une meilleure destinée a été lié à ces idées de fraternité, et que les temps d'arrêt ont précisément coïncidé avec les époques où ces grands principes ont été méconnus, soit par des adversaires du christianisme, soit même par la caste sacerdotale qui s'est exclusivement chargée de sa propagande et de son enseignement.

On peut dire avec raison qu'en France la société civile est plus sincèrement et plus véritablement chrétienne que la société religieuse. Elle l'est par ses mœurs et ses lois ; mais on y chercherait vainement cette foi intolérante, cette discipline humble, cette obéissance aveugle hors desquelles le catholicisme prétend qu'il n'est point de société possible.

Cette voie nouvelle de la philosophie chrétienne a été ouverte par les auteurs de notre grande Révolution. C'est pieusement honorer leur mémoire que de les y suivre, en proclamant hautement avec eux le droit de tout homme à se développer intellectuellement, sans autres limites que celles posées par la nature elle-même.

« Contemplez à l'automne, dit quelque part un noble citoyen des Etats-Unis (1), un des chênes magnifiques de la forêt, couvert de milliers de glands. Il n'y a pas un seul de ces fruits qui ne porte en soi le germe d'un arbre parfait, aussi superbe, aussi majestueux que le tronc paternel ; c'est l'embryon d'un chêne qui plongera

(1) Edward Everett, *Fragment d'un discours sur l'instruction.*

ses racines dans la terre, élèvera ses branches vers les cieux et bravera les orages de trois cents hivers. Il ne faut pour cela qu'une poignée de terre qui recouvre le gland tombé, un peu d'humidité qui le nourrisse, un abri qui le protége jusqu'à ce qu'il ait jeté racine. Il ne faut que cela, mais il le faut absolument, ou sinon, faute de ce secours insignifiant en apparence, pas un seul de ces fruits innombrables n'est destiné à devenir un arbre.

» Contemplez maintenant les cités, les bourgs, les villages de notre chère patrie, pensez de quoi se compose cette population déjà serrée en quelques places, et qui partout grandit rapidement. Un peuple, ce n'est point un amas de machines animées, de brutes destinées à soumettre le sol, c'est une réunion d'êtres raisonnables et intelligents. Parmi tous ces milliers d'hommes qui forment notre république, il n'est pas une intelligence qui ne soit capable de grands progrès dans les connaissances usuelles, et nul ne peut dire ou limiter le nombre de ceux qui sont doués d'assez de talent pour atteindre aux plus hautes découvertes. Tous ces hommes ont naturellement les mêmes sens, les mêmes facultés que possédait un Newton, un Franklin, un Fulton. Qu'ils les aient au même degré, je ne le prétends point; mais qui osera dire qu'ils ne les ont à aucun degré? Eh bien! pour éveiller chacune de ces intelligences, pour lui donner le sentiment de sa merveilleuse puissance et lui apprendre à s'en servir, il ne faut que peu de chose; mais ce peu de chose est indispensable. Combien l'œil est-il un instrument plus merveilleux que le télescope! La Providence nous a donné les yeux, mais il faut que l'art fournisse le télescope, autrement les merveilles des cieux nous échappent. Si la plus grande part de l'intelligence humaine périt sans se développer, c'est faute du faible secours que des moyens humains eussent facilement donnés à cette prodigieuse faculté d'amélioration qui est innée dans l'homme. Quand un gland tombe sur un sol défavorable pour y périr, nous savons l'étendue de la perte : c'est la perte d'un arbre comme celui dont le fruit s'est détaché; mais quand l'esprit d'un être raisonnable est étouffé faute de culture et manque aux grandes fins pour lesquelles il a été créé, c'est une perte que personne ne peut mesurer, une perte dans le temps et dans l'éternité. »

V

Le droit absolu de l'homme à l'instruction ne peut guère se discuter : il est une conséquence du droit de se développer et de se conserver. Si ce droit est favorable à l'individu, il est encore bien plus favorable à la bonne organisation des sociétés humaines, au sein desquelles il peut seul faire régner l'ordre et l'harmonie. Partout où les populations croupissent dans l'ignorance, l'ordre matériel ne règne que sous le bâton ou le fouet, et il est troublé souvent par les soulèvements de la force brutale, qui massacre, viole et pille en un jour de colère, pour retomber le lendemain sous le joug. Dans les sociétés relativement supérieures, où l'ordre repose sur les bases d'une croyance morale inculquée par la tradition, les classes aristocratiques n'en souffrent pas moins du contact forcé avec ces natures honnêtes et soumises, mais incultes et remplies de superstitions et de préjugés. Et si la croyance naïve vient à faire défaut avant que la raison humaine ait pu donner la notion claire et précise du devoir, le danger devient imminent. Si notre cadre nous permettait d'invoquer à cet égard les enseignements de l'histoire, il nous serait plus facile de convaincre chacun de la nécessité de répandre l'instruction civilisatrice pour conjurer les soulèvements de la barbarie ignorante. Nous nous bornerons à rappeler aux heureux de la terre combien cela leur épargnerait de froissements douloureux, de souffrances très réelles, dans leurs relations inévitables avec ce qu'ils nomment les gens grossiers et mal élevés.

De même qu'une grande loi de solidarité veut qu'ils soient menacés dans leur existence lorsque les souffrances physiques des populations pauvres engendrent de meurtrières épidémies; de même ils sont blessés chaque jour dans leurs sentiments les plus délicats, en punition de leur indifférence pour l'infériorité intellectuelle où ils laissent leurs semblables.

Il est donc utile, autant qu'il est juste, d'avoir pour l'intelligence de l'homme les mêmes sollicitudes que pour sa vie physique, et s'il est sage et charitable d'assainir les bouges où naît la peste, il est non moins urgent de débarrasser l'esprit humain des miasmes qui l'asphyxient.

Ce n'est pas seulement l'intérêt d'une classe qui doit ici être invoqué, c'est celui de la société tout entière.

VI

On ne saurait trop le répéter : l'instruction donnée par les écoles primaires se borne généralement à faire acquérir aux enfants les instruments du savoir. Or, il arrive trop souvent, par des influences diverses dont nous parlerons plus loin, que l'élève abandonne ses études et laisse ainsi perdre le fruit de son pénible labeur. Ce qu'il a appris s'efface très rapidement, et il n'est pas rare de voir beaucoup d'hommes des villes et de la campagne qui, enfants, ont su lire et écrire d'une manière assez convenable, revenir à leur ignorance primitive. La plupart n'osent plus jeter les yeux sur un livre ; d'autres en écorchent horriblement les mots, dont le sens leur échappe, ou qu'ils comprennent de travers. Et on les voit obligés de recourir à un ami, au maître d'école ou à l'écrivain public, lorsqu'il s'agit d'écrire une lettre. Ce qui leur reste parfois de leurs premières études, c'est l'arithmétique, lorsque les nécessités de la vie les obligent à s'en servir quotidiennement.

Les écoles du soir pour les adolescents et les adultes, les cours gratuits, les lectures publiques sont donc le complément indispensable des leçons de l'école primaire. Ils doivent être, pour l'instruction élémentaire, ce qu'est le *catéchisme de persévérance* pour l'enseignement religieux. Malheureusement les jeunes gens, distraits par les plaisirs de leur âge et absorbés par l'apprentissage de la profession qui doit les faire vivre, ne comprennent pas assez quel triste sort ils se préparent en ne continuant pas leurs études; beaucoup s'estiment heureux, lorsque le recrutement de l'armée les atteint, de retrouver à l'école régimentaire le moyen de recommencer les leçons du jeune âge.

D'autres, et parmi eux les ouvriers des grandes villes, trouvent dans la librairie à bon marché un élément tel quel d'instruction par la lecture; mais comme ils y cherchent avant tout le délassement, leur choix se porte de préférence sur les œuvres d'imagination. On a beaucoup écrit sur l'influence délétère du roman-feuilleton, et les publications populaires ont donné prétexte à bon nombre de déclamations sur le danger des mauvais livres, la démoralisation croissante des masses, etc., etc. On a beaucoup calomnié en cette occasion. Si l'on fait quelques exceptions pour ces romans que dévore la jeune ouvrière, et dont le résultat est de la faire vivre par instants dans un monde de fictions si éloigné des tristes réalités de sa misère, il n'est pas bien prouvé que les écrivains modernes aient corrompu l'esprit des populations ouvrières. Ce qui est plus certain, c'est qu'ils ont contribué à étendre et à maintenir le goût de la lecture, et que, sous ce rapport, ils ont rendu un service de nature peut-être à se faire pardonner quelques écarts. Qu'ils aient distribué parfois une nourriture intellectuelle indigeste et peu profitable, cela est possible; le public n'y a pas moins gagné quelque chose, ne fût-ce que le désir de passer à quelque chose de mieux, de plus sérieux, de plus utile. La librairie à bas prix a certainement contribué à saper l'ignorance en beaucoup de points, car, sous une forme légère et amusante, beaucoup de publications ont fait naître le goût d'une foule de connaissances nécessaires à acquérir, principalement dans les sciences appliquées, et certaines fantaisies des romanciers à la mode, malgré leurs erreurs ou leurs broderies, n'en ont pas moins créé le besoin des études historiques.

On ne saurait trop déplorer, toutefois, la différence qui existe entre les étudiants du collége et ceux de l'école primaire ou de l'école des Frères, relativement aux moyens que possèdent les uns et les autres de compléter leur instruction. Tous ont passé leurs premières années à se créer les moyens d'apprendre ; mais quand les premiers commencent à en user avec méthode, c'est-à-dire de la seule manière qui soit véritablement profitable, les autres, abandonnés à eux-mêmes, ne sont plus excités à aller au delà que par un effort de leur volonté. Or, à douze ans, comme on sait, l'en ant du pauvre quitte l'école pour l'atelier du maître, et le livre de notre ami Corbon (1) nous démontre combien est insuffisant et pénible l'apprentissage tel qu'on le pratique. Cet apprentissage, qui ne parvient pas même toujours à former un ouvrier médiocre, absorbe presque tout le temps dont l'en-

(1) Bibliothèque utile. T. III, *De l'enseignement professionnel*.

fant peut disposer, et dans les quelques heures qui lui restent, il est bien plus enclin à se distraire, par quelque jeu, de son labeur abrutissant, qu'à suivre les leçons d'un professeur ou à se perfectionner de lui-même dans telle ou telle branche d'instruction.

Nous venons de parler de l'insuffisance si regrettable des moyens d'enseignement populaire, et de la différence qui existe à ce sujet entre les élèves des colléges et les autres enfants. Nous sommes heureux de pouvoir citer, à ce propos, la lettre suivante de M. de Lamartine à M. Chapuis-Montlaville :

« ..... Il est une pensée, lui écrivait-il, qui
» dort depuis dix ans dans mon âme, pensée
» que j'ai présentée tour à tour aux grands par-
» tis du gouvernement de mon pays, et qu'ils
» ont laissée tomber à terre avec indifférence,
» parce que ce n'était pas une arme de guerre
» pour se combattre, mais un instrument d'amé-
» lioration et de paix pour façonner la nation.
» Cette pensée, la voici : je me suis dit : Notre
» liberté de la presse, notre gouvernement de
» discussion et de publicité, notre mouvement
» industriel, notre enseignement primaire sur-
» tout institué dans nos quarante mille com-
» munes, répandent avec une profusion crois-
» sante l'enseignement élémentaire dans les
» régions inférieures de la population, c'est-à-
» dire que tout cela donne la facilité, l'habitude
» et le besoin de lire à des masses considérables
» du peuple ; mais, après leur avoir créé ce be-

» soin, que leur donnera-t-on pour le satisfaire?
» Qu'écrit-on pour eux? Rien.

» Notre éducation à nous, fils du riche, privi-
» légiés du loisir, se continue sans lacune toute
» notre jeunesse, et même toute notre vie. Après
» l'enseignement élémentaire que nous suçons
» sur les genoux de notre mère, nos colléges
» nous reçoivent; nous passons de là aux grands
» cours des Universités : nous entendons les
» maîtres que l'Etat salarie pour nous dans les
» grandes capitales; sciences, philosophie, let-
» tres humaines, politique, tout nous est versé
» à pleines coupes, et, si ce n'est pas assez, des
» bibliothèques intarissables s'ouvrent pour nous;
» des revues, des journaux sans nombre, aux-
» quels notre aisance nous permet de nous
» abonner, travaillent pour nous, toute la se-
» maine ou toute la nuit, pour venir nourrir no-
» tre intelligence, chaque matin, de la fleur de
» toutes les connaissances humaines, et provo-
» quer notre esprit à un travail insensible et à
» une perpétuelle réflexion; à un pareil régime,
» il ne meurt que ce qui ne peut pas vivre : l'in-
» capable ou l'indifférent. La vie est une étude
» jusqu'à la mort.

» Pour les enfants du peuple, au contraire,
» rien de tout cela. Cependant ils ont leur part
» de loisir aussi : les jours de fête et de repos,
» les veillées d'hiver, les temps de maladies, les
» heures perdues; il n'y a pas de profession où
» une part quelconque de la journée ou de la vie
» ne puisse être consacrée à la lecture. Combien
» d'heures oisives pour vos cinq cent mille sol-

» dats dans leurs garnisons, pour vos soixante
» mille marins sur le pont de leurs navires,
» quand la mer est belle, le vent régulier! Com-
» bien pour vos innombrables ouvriers qui se
» reposent ou se fatiguent d'oisiveté habituelle-
» ment quarante-huit heures par semaine! Com-
» bien pour les femmes, les vieillards, les en-
» fants à la maison, les gardiens de troupeaux
» dans les champs! Et où est la nourriture in-
» tellectuelle de toute cette foule? Où est ce pain
» moral et quotidien des masses? Nulle part. Un
» catéchisme ou des chansons, voilà leur ré-
» gime; quelques crimes sinistres racontés en
» vers atroces, représentés en traits hideux et
» affichés avec un clou sur les murs de la chau-
» mière ou de la mansarde, voilà leur bibliothè-
» que, leur art, leur musée à eux, et, pour les
» plus éclairés, quelques journaux exclusivement
» politiques qui se glissent de temps en temps
» dans l'atelier ou le cabaret du village, et qui
» leur portent le contre-coup de nos débats par-
» lementaires. Quelques noms d'hommes à haïr
» et quelques popularités à dépecer, comme on
» jette aux chiens des lambeaux à déchirer, voilà
» leur éducation civique! Quel peuple voulez-
» vous qu'il sorte de là?...... »

Avant que M. de Lamartine ait écrit ces lignes, de louables efforts avaient été tentés pour faire pénétrer l'enseignement au sein des populations dont il parle, et l'un des grands partis qu'il désigne en a fait, depuis quarante ans, l'une de ses plus vives préoccupations. Les efforts généreux des associations autrefois fondées pour l'instruction du peuple, la tentative de feu Ajasson de Grandsagne (la *Bibliothèque populaire*), la création du *Magasin pittoresque* et bon nombre de publications de 1848 sont là pour en témoigner.

Mais le fond du raisonnement de M. de Lamartine n'en est pas infirmé pour cela. Voyons, en effet, comment fonctionnent les institutions destinées à éclairer nos concitoyens, pauvres ou riches, depuis l'enfance jusqu'à l'âge mûr.

VII

L'enseignement de l'enfance nous paraît tout d'abord en grande voie de progrès. Chaque jour voit éclore d'ingénieuses méthodes qui simplifient et rendent presque attrayantes les premières études, autrefois si compliquées et si rebutantes pour des intelligences à peine ouvertes. En ce qui concerne les rudiments de toute instruction : lecture, écriture et calcul, des efforts considérables ont été tentés et de grands résultats obtenus. Une seule observation nous semble à faire : on ne donne peut-être pas au dessin, dans l'enseignement du bas âge, toute l'importance qu'il comporte. Les arts graphiques, dont l'écriture est en quelque sorte la préface, sont cependant, selon nous, un complément nécessaire de la parole, et là, au moins, ne se retrouve pas la trop regrettable confusion des langues. Le crayon ne connaît pas de nationalité : l'objet qu'il représente ne change pas de forme au delà de la frontière, et c'est un moyen si puissant de communication pour certains besoins de la vie, il est si nécessaire pour toutes les carrières, si profitable à la vulgarisation d'une foule de connaissances relatives aux progrès matériels à obtenir par le travail, qu'on ne saurait refuser de lui donner la quatrième place dans les premières choses à apprendre aux enfants. Ce n'est pas là d'ailleurs une étude pour laquelle il faille attendre, puisque l'élève y est déjà préparé par les leçons de l'écriture.

Cette réserve faite, nous reconnaissons très volontiers qu'à l'école primaire, comme au collége, on apporte les plus grands soins à distribuer les premiers éléments de l'instruction. Mais, quand il s'agit d'utiliser ces instruments du savoir, il se produit, entre ces deux sortes d'établissements enseignants, une différence assez remarquable, que nous ne voudrions pas exagérer, mais dont nous ne pouvons nous dispenser de parler, parce qu'elle nous semble avoir, contre l'intention assurément de ceux qui l'ont créée ou laissée subsister, d'assez graves conséquences.

Nous comprenons parfaitement que l'enseignement doive avoir des degrés, parce qu'en somme, nous ne prétendons pas que chacun puisse arriver à l'apogée des connaissances humaines. Nous ne rêvons pas un peuple d'académiciens. Il est malheureusement à peu près certain que, sur cent élèves, quatre-vingt-dix resteront à mi-chemin de la route du savoir. L'instruction primaire suffira donc aux besoins intellectuels du plus grand nombre, et l'instruction secondaire restera une spécialité, une sorte d'école préparatoire pour l'apprentissage de certaines carrières, dont le savoir plus étendu est une condition première. Rien de plus juste, rien de plus conforme aux nécessités sociales, qui exigent plus de laboureurs que d'architectes, plus de cordonniers que d'artistes, plus de boulangers que d'astronomes. Mais est-il bien conforme à la justice, est-il dans l'esprit de notre temps, dans les vraies conditions d'une société démocratique, que l'instruction secondaire ne soit abordable que pour les enfants des catégories aisées de la société? En d'autres termes, le droit à l'instruction supérieure doit-il être réservé à la richesse seulement, et ne devrait-on pas ouvrir aussi la porte de ces écoles à ceux des enfants pauvres qui se seraient distingués dans les études primaires? Cet esprit de justice, dont nous parlions tout à l'heure, n'est-il pas blessé par l'anomalie que nous signalons? Et, d'un autre côté, le corps social n'est-il pas intéressé à ce que de hautes capacités, qui peut-être sont perdues dans la foule, puissent se révéler un jour? Si un homme pauvre parvient de temps à autre à percer, par la force de sa volonté et à travers mille obstacles, n'est-il pas vrai que beaucoup d'autres restent inaperçus, que de grandes intelligences périssent faute d'encouragements, et que, par suite, la société s'est volontairement privée des meilleurs et des plus utiles agents de son perfectionnement? Il nous semble que poser la question, c'est la résoudre.

VIII

Ce n'est pas tout. Nous croyons qu'il est resté dans notre mode d'enseignement quelques traditions de la vieille société monarchique aristocratique, quelques vieux débris des institutions du passé, oubliés par nos pères dans leur immense travail de reconstruction. Quelques esprits, peut-être prévenus, ont cru voir des différences assez accusées entre le programme des études lycéennes et collégiales et celui qui préside à l'enseignement primaire. Il leur a paru que le premier préparait beaucoup mieux que le second à l'exercice de la liberté et de la dignité humaines, et ils citent pour preuve les récriminations passionnées des écrivains de certaine coterie enseignante contre « les dangers des études classiques, » qui, à les en croire, jetteraient dans la société une foule d'esprits faux, élevés dans les doctrines du paganisme, et professant des opinions dangereuses puisées dans le souvenir de leurs études sur les sociétés antiques. Et comme ces mêmes écrivains vantent outre mesure l'esprit d'obéissance et de discipline inculqué aux enfants des écoles de Frères, qui ne savent rien de Sparte et de Rome, on en conclut tout naturellement que l'enseignement gratuit des corporations religieuses, organisé dans un esprit opposé à celui des établissements universitaires, entretient, entre les deux catégories sociales qui reçoivent l'un ou l'autre, un antagonisme d'idées qui doit tôt ou tard porter des fruits amers.

Nous admettons volontiers que tout n'est peut-être pas irréprochable dans le choix des études classiques universitaires, de même qu'il existe des choses excellentes dans l'enseignement clérical. Nous ne voulons pas renouveler les critiques acerbes que les deux camps se sont mutuellement renvoyés; mais nous pensons qu'il en ressort la nécessité de fondre les deux programmes en un seul, c'est-à-dire de procéder identiquement à l'égard des écoliers de l'une et l'autre catégorie.

Au nom de la conciliation et de la fusion qui doivent se réaliser de plus en plus au sein de notre société française, où il n'y a plus de classes, où il n'y a plus de bourgeoisie, où il n'y a plus de peuple, mais seulement des citoyens, nous devons déplorer et faire disparaître tout ce qui, de près ou de loin, peut entretenir et ranimer ces idées d'un autre âge.

Ce que nous demandons ici a été bien souvent formulé, depuis Saint-Just jusqu'à nos associations polytechniques. Tout homme de progrès pense avec nous que la société doit agir de façon qu'une seule de ses forces vives ne puisse se perdre, et qu'elle doit faire à chacun une obligation de les développer en lui par l'instruction; qu'à cet effet, les enfants devraient être admis, sans distinction de fortune des parents, dans des écoles où, d'après une méthode procédant de la même pensée générale, ils recevraient les premiers éléments de l'instruction : lecture, écriture, dessin et calcul, et les notions progressives des sciences utiles. Les frais de *pension*, c'est-à-dire le logement, la nourriture et l'entretien des élèves, devraient seuls être payés, l'instruction étant gratuite. Il est bien entendu que nous admettons toujours la liberté de faire instruire les enfants dans le sein de la famille, sous l'obligation d'en fournir la preuve lorsqu'une sanction légale sera enfin donnée à ce devoir social.

A la fin des études primaires, un concours devrait déterminer, par ordre de capacité et par spécialité d'aptitudes, l'entrée gratuite des élèves méritants dans telle ou telle école scientifique, artistique ou professionnelle, ouvertes par l'Etat ou par des associations autorisées. Peut-être pourrait-on introduire ici, dans une certaine mesure, l'élection des candidats par les élèves eux-mêmes, et comme moyen de les préparer à la vie civique.

Il est facile de comprendre quels avantages ressortiraient de la mise en pratique de ce système :

Le grec et le latin ne seraient enseignés qu'à ceux qui auraient quelque chance de s'en servir un jour dans les sciences ou dans les lettres ;

Les langues étrangères pourraient être réservées pour les voyageurs et les commerçants futurs ;

Les enfants ne seraient plus surchargés, comme ils le sont encore, de travaux écrasants pour leur jeune intelligence. « L'enfance de l'homme, » dit Michelet (1), comme celle des plantes et de » toute chose, a besoin de repos, d'air, de douce » liberté. Tout semble combiné pour étouffer les

(1) *La Mer.*

» enfants. Les aimons-nous? oui, sans doute. Et » cependant nous les tuons,.. »

Les vocations artistiques ne seraient plus vouées à tant de souffrances et de luttes, puisque des écoles spéciales leur seraient ouvertes et les moyens de se perfectionner mis à leur portée;

Les aptitudes industrielles diverses trouveraient à leur tour des écoles professionnelles, où l'instruction scientifique se combinerait avec l'apprentissage des métiers;

Le temps de la jeunesse ne serait plus gaspillé comme il l'est aujourd'hui; l'industriel et le négociant ne regretteraient pas d'avoir perdu de longues années à apprendre ce dont ils n'avaient nullement besoin et à ignorer ce qui leur aurait été si utile; les ouvriers de la ville, et de la campagne surtout, sortant de la même école que leurs directeurs de travaux, parleraient la même langue et posséderaient un fonds de connaissances communes qui leur rendrait l'entente bien plus facile. Les mœurs et les habitudes seraient plus homogènes, et les relations de la vie y gagneraient une aménité et un poli dont l'absence a toujours été le plus grand obstacle à la fusion et à l'union des citoyens.

Et tout cela s'obtiendrait sans rien modifier d'important dans les habitudes actuelles, sans blesser la liberté de qui que ce soit, sauf la regrettable liberté de laisser les enfants sans instruction.

IX

Nous allons maintenant suivre l'écolier, au point de vue de son développement intellectuel, dans la redoutable phase de l'adolescence, et l'on verra comment sont trop souvent perdues pour lui les leçons de l'école, et à quel degré d'ignorance retombent fatalement un grand nombre d'enfants « qui promettaient, » selon l'expression consacrée des maîtres et des parents.

Que va faire notre apprenti de ce qu'il a appris un peu par force à l'école? Hélas! le voilà libre d'user ou de ne pas user de la lecture, le voilà libre de ne plus écrire, libre d'oublier l'orthographe, surtout s'il ne lit plus. Comme l'école sentait bien un peu la contrainte, le premier usage qu'il fait de sa liberté, c'est de secouer cette contrainte : un autre esclavage, bien plus dur, l'attend d'ailleurs, et il ne se mettra pas deux bâts sur le dos. Aussi n'exagérons-nous rien en avançant que les trois quarts des apprentis ne lisent plus et écrivent encore moins lorsqu'ils n'y sont pas obligés. Et c'est une chose bien triste quand on songe que les efforts dévoués et persistants de nos 40,000 instituteurs aboutissent à ce résultat!

Nous avons parlé ailleurs de ce que faisaient les éducateurs religieux sous le nom de *catéchisme de persévérance*, lorsqu'ils voient se perdre, et bien plus rapidement encore que ne se perd l'instruction, les fruits de leur enseignement. Nous avons pensé qu'il serait bon de suivre cet exemple, et de lui donner même un caractère plus obligatoire. En attendant que des écoles professionnelles soient ouvertes, soit par l'Etat, soit par des citoyens, sous la surveillance sociale, et qu'on y enseigne les métiers tout en faisant continuer à l'adolescent des études scolaires, pourquoi n'appliquerait-on pas aux enfants de douze à seize ans la mesure législative qui protége le pauvre petit assujetti au travail des manufactures ? Pourquoi les patrons des apprentis ne seraient-ils pas obligés de les laisser libres de disposer d'une partie de leur temps pour aller aux écoles spéciales du soir ?

Il nous semble absolument nécessaire qu'on sorte, d'une façon ou d'une autre, de cette situation douloureuse, qui fait perdre en quelques mois à un enfant le fruit de ses six années de travail antérieur. L'autorité des parents, dans les familles pauvres, n'est pas suffisante pour assurer la continuation des études de l'écolier. Ignorants eux-mêmes, les pères et mères ne comprennent pas toujours la nécessité de conserver le petit capital intellectuel déjà amassé ; bourrelés par les exigences de la pauvreté, ils reculent à la fois devant ce qu'ils appellent une perte de temps, et devant le surcroît de dépense que pourrait entraîner un nouveau séjour à l'école.

X

Comme la pensée de ce livre est surtout de rechercher les meilleurs éléments du perfectionnement intellectuel de l'adulte, nous n'irons pas plus loin dans ces préliminaires. Nous nous bornerons à dire que, selon nous, les études primaires de l'école devraient tendre presque uniquement à faire acquérir à l'enfant les instruments du savoir. Ce n'est guère qu'au sortir de l'apprentissage qu'il aurait à mettre son bagage élémentaire au service de son développement intellectuel. C'est assez dire que toutes les matières scientifiques sujettes à controverse, et dans lesquelles l'homme ne peut pénétrer qu'à l'aide de la raison et du libre examen, ne devraient être abordées qu'à l'âge où la raison est généralement acquise.

Quant à l'éducation, cette culture des bons côtés de l'humanité, ce sarclage des mauvais, nous dirons encore qu'elle nous paraît être le devoir par excellence de la famille. C'est dans son sein, et par *l'exemple* principalement, que les bons instincts de l'enfant seront cultivés avec soin, que les sentiments affectueux se développeront par imitation et réciprocité. S'il reste quelque chose à faire par l'éducation religieuse, c'est dans un ordre plus élevé, et la famille seule doit être juge du degré d'importance qu'elle y veut donner. La part de l'instituteur, dans cette préparation de l'enfant, nous semble devoir être surtout civique et nationale.

En d'autres termes, le père et la mère initieront l'enfant à la vie de famille; l'Etat, par ses instituteurs, le préparera aux devoirs sévères du citoyen, et l'éducateur religieux développera en lui les sentiments élevés sur lesquels reposent les conditions morales de l'existence de l'humanité. Tant qu'il restera incapable de choisir entre les diverses doctrines qui se partagent le monde, l'enfant s'inclinera sous cette autorité : il recevra en quelque sorte une première empreinte sociale conforme au milieu où il vit et aux progrès réalisés de son temps. Mais à cette phase d'autorité succédera inévitablement, si rien n'y fait obstacle, une phase de liberté qui sera d'autant plus féconde pour l'adulte que les moyens du savoir lui auront été donnés plus abondamment pendant sa jeunesse.

XI

Comment se fait-il donc que si peu abordent cette seconde vie intellectuelle qui seule peut faire des hommes, et pourquoi, au lieu de se développer par la liberté, un si grand nombre restent-ils courbés sous le joug d'idées fausses et de préjugés imposés par une éducation étroite, fanatique et intolérante? C'est ce que nous allons essayer de faire comprendre.

A en croire certaines gens, si la majorité des hommes ne restait pas un peu imbécile, si la plupart, au contraire, étaient capables d'arriver à ce degré de connaissances générales où parviennent aujourd'hui ce qu'on nomme les gens du monde, l'humanité cesserait d'exister, faute de bras pour la nourrir. Mais ce qu'il y a de plus curieux et de plus triste, c'est de voir une pareille doctrine adoptée par ceux-là mêmes qu'elle condamne à une sorte d'abrutissement, qu'elle réduit à la condition de bêtes de somme et de machines à faire du pain ou des souliers.

« L'instruction n'est pas faite pour nous; nous n'avons pas le temps d'apprendre : c'est bon pour les gens riches. Notre destinée, à nous, c'est de travailler beaucoup et de gagner peu! »

Voilà ce qu'on entend dire chaque jour, avec une résignation touchante, à la foule des travailleurs des champs et de la ville. Voilà comment ils apprécient le peu d'instruction qu'on leur a donné presque malgré eux; voilà l'idée qu'ils se font de son utilité!

A côté de ceux-là, et sous le même prétexte d'inutilité, se classent les paresseux d'esprit, ordinairement très actifs des bras. « Travailler et s'amuser! » telle est la philosophie de cette jeunesse, qui travaille mal et s'amuse médiocrement. Elle travaille mal, parce que son ignorance ne lui permet pas d'imaginer ou même d'imiter un seul procédé qui lui permettrait de produire plus et de mieux faire avec moins de fatigue; elle s'amuse médiocrement, parce que tous les nobles délassements lui sont interdits, et qu'elle en est réduite, pour toute distraction, à boire sans soif, à se battre, à brailler ou à dire des ordures, c'est-à-dire à se corrompre et à se suicider.

Il ne s'agit ici que de ceux dont l'intelligence

s'est à peine ouverte un instant aux enseignements de l'école. Mais le même phénomène se reproduit, à quelque chose près, dans une catégorie sociale où les enfants sont en apparence mieux élevés et plus instruits, s'il faut en juger par le temps employé et l'argent dépensé.

Il est une classe entière de gens, de moyenne fortune, pour qui le travail manuel implique encore une sorte de dégradation, et qui croient trouver, dans le rôle d'intermédiaires entre la production et la consommation, une position plus considérée, et, ce qui est plus vrai, d'un résultat plus lucratif. Ces braves commerçants font élever leurs enfants avec une certaine sollicitude et ne paraissent rien négliger pour en faire un jour des hommes instruits. Mais à l'instant même où ces jeunes gens quittent le pensionnat pour entrer « dans le commerce, » il en arrive de leur éducation ce qui est arrivé de celle des jeunes ouvriers. Leur libération de l'étude ne se manifeste pas, il est vrai, d'une façon aussi brutale ; leurs distractions sont moins grossières ; mais elles n'en compromettent pas moins gravement l'avenir, puisque les jeunes élèves des pensions et des lycées rompent d'une manière presque absolue, à partir de ce moment, avec les habitudes studieuses de leur jeunesse.

Ce n'est pas que ceux-ci aient autant que les jeunes ouvriers de paresse d'esprit et de dégoût d'apprendre : comme ils savent davantage, l'intelligence est plus ouverte, et l'instruction première dure plus longtemps ; mais enfin elle s'efface par degrés, et nous allons dire sous quelle déplorable influence.

Pour le commerçant, l'ouvrier est un paria, un frère inférieur, et, par une conséquence naturelle, le travail industriel ou agricole entraîne, à ses yeux, une sorte de déchéance. Cette opinion, par trop créole, se renforce encore de ce que le travail manuel est loin d'offrir les mêmes profits que le négoce. Il résulte de ces préjugés de la classe commerçante, que, pour elle, le but de la vie est d'échapper, le plus tôt possible, par un effort vigoureux, à la condition du travailleur. Et toute son intelligence, toute son activité, s'absorbent dans une seule pensée : la *retraite*, avec une fortune proportionnée aux besoins contractés, aux habitudes prises.

On comprend facilement qu'une génération, aux yeux de laquelle on fait miroiter constamment cette perspective de repos, se démoralise sous cette incessante préoccupation ; qu'elle ne fait plus rien pour grandir intellectuellement ; qu'elle se ratatine à la recherche du liard et du gros sou, en y laissant progressivement ses illusions, sa chaleur d'âme, son cœur, son esprit, et parfois jusqu'à sa conscience. Elle ne cultive plus qu'une science : l'arithmétique ; elle laisse passer sans les voir les grandes commotions humaines, ou elle ne s'en mêle que lorsque *la vente* souffre. Ne lui parlez pas de grandes choses à accomplir, de peuples à affranchir, de progrès à réaliser : il faut qu'elle se *retire*, qu'elle se retire le plus tôt possible de cette grande mêlée ; elle a hâte d'abandonner sa part du labeur social, de déserter la sainte activité qui seule conserve les hommes. Aussi chacun peut voir ce que deviennent, sous ce souffle égoïste et démoralisateur, les espérances qu'offrait cette jeunesse autrefois intelligente et généreuse. Dès que les survivants de cette course effrénée vers le repos ont atteint le but de leurs constants désirs, l'inactivité les tue, à moins que l'avarice ne les galvanise pour quelques années. Avec l'aplomb que donne la fortune, ils essayent de farder l'idiotisme où ils sont tombés : ils se prélassent dans les fonctions honorifiques, font les pachas dans les conseils électifs de la commune, jusqu'à ce qu'épuisés par ces derniers efforts, ils s'enchâssent dans le banc du marguillier, en professant gravement qu'il faut une religion pour le peuple, et que le travail est un frein aux mauvaises passions de la multitude! Et c'est ainsi que notre belle France, la première par le cœur et le dévouement désintéressé, la première aussi par son aristocratie de l'intelligence, est dans l'ensemble, quant au niveau moyen de son instruction publique, au-dessous de l'étranger, inférieure de tous points à de petits Etats allemands, à la modeste république fédérative des cantons suisses, à l'Angleterre et aux Etats-Unis!

C'est qu'il faut, pour que l'homme ne s'absorbe pas dans les intérêts matériels, pour qu'il n'accorde à ce côté de la vie que la part légitime réclamée par les besoins de la conservation physique, une notion élevée de sa destinée, que ne lui donnent ni la foi ignorante ni le scepticisme. En dehors de cette notion élevée du devoir social et de la destinée humaine, il ne reste plus, d'un côté, que les théoriciens de la vie *courte et bonne*, et, de l'autre, les mystiques, qui en font un lent suicide. Les uns et les autres manquent à la véritable loi divine : ils oublient que l'homme ne vit pas seulement de pain, et méconnaissent l'obligation que leur impose leur nature intellectuelle, de rechercher sans cesse, et jusqu'à leur dernier jour, ce que les croyants nomment le royaume de Dieu et sa justice, ce que les philosophes nomment le Vrai, le Beau et le Bien.

XII

Il nous faut maintenant répondre aux objections pratiques, énumérer les difficultés d'instruire convenablement tout le monde, déterminer la nature et les limites de l'instruction nécessaire à tous, dire quels sont les moyens dont on dispose actuellement pour cet objet, et ce que l'on pourrait faire, selon nous, pour en augmenter la puissance.

Jusqu'à l'âge de raison, avons-nous dit, l'enseignement est fait au nom du principe d'autorité. Il y a sans doute à cela des inconvénients : car l'autorité ne suppose pas toujours la justice et la vérité, ou du moins les doctrines souffrent-elles souvent de graves altérations en passant par la bouche des hommes chargés de les enseigner. Cela se produit évidemment, à notre sens, dans l'éducation religieuse, qui saisit tous les prétextes pour faire un enseignement politique des plus déplorables, et dont la tendance est presque toujours opposée aux idées et aux opinions du père de famille. L'Etat n'est pas exempt lui-même de certaines faiblesses lorsqu'il fait l'éducation civique. La famille, enfin, n'offre pas toujours une garantie suffisante d'intelligente sollicitude dans la part qui lui revient. Ces éducations diverses, émanant toutes trois du principe d'autorité, n'engendrent parfois que confusion : elles se contrarient mutuellement, faute d'une sage division de ce que devrait réaliser chacune d'elles. Il en résulte un pêle-mêle de contradictions, peu saillantes d'abord, mais qui le deviennent davantage lorsque l'écolier compare ce qui se fait et se dit chez lui avec ce qu'on lui dit et ce qu'on lui fait faire ailleurs. L'enfant se trouve ainsi trop tôt jeté, cela se conçoit, dans la nécessité de faire un choix, et c'est alors le hasard qui décide du premier courant que suivra sa nature irrésolue et chancelante. Il se ressentira, toute sa vie peut-être, de ces fluctuations : sa raison pourra n'éclore qu'imparfaitement, et ne lui permettre que difficilement d'avoir plus tard un avis bien à lui dans toutes les questions soumises à son jugement.

Mais on peut dire que c'est là une situation en quelque sorte inévitable au temps où nous vivons. L'accord tant cherché entre la raison et la foi n'est pas encore réalisé, et, en attendant que l'unité soit faite, ou que la séparation entre les choses de la conscience et celles de l'ordre social soit mieux dessinée, chacun des éducateurs tire de son côté, de façon à plutôt troubler et égarer la raison naissante qu'à la diriger. Une théocratie viendrait seule à bout de résoudre le problème. Mais dans quel sens et à quel profit? On ne le sait que trop.

Puis il faudrait toujours compter tôt ou tard avec l'école de la liberté. On ne peut pas brûler les bibliothèques, ni méconnaître le droit d'examen, quand il est suffisamment respectueux envers les lois. Celui qui sait lire et qui est arrivé à l'âge d'homme ne peut rester constamment sous la tutelle de la société *des bons livres*, ni accepter qu'on puisse considérer comme mauvais ceux qui sont publiés à l'abri des lois et sous la surveillance sociale, par ce seul fait qu'ils contrarient les systèmes historiques et scientifiques de la congrégation de l'*index*. En un mot, il n'est plus permis de traiter en enfant l'homme qui peut et doit choisir librement, accepter ou rejeter de ses croyances tout ce qui ne lui paraît pas s'accorder avec le plein et entier développement de sa raison.

Et, pour éviter toute équivoque, nous répudions à l'avance tout système d'instruction de l'adulte qui ne tiendrait pas compte de cette liberté. Si, dans un tout autre ordre d'idées que celles combattues ici, une dictature quelconque voulait à son tour mettre à l'index des doctrines réputées dangereuses, et monopoliser, au profit de ses idées, quelque bonnes qu'elles soient d'ailleurs, l'enseignement qui se donne par les livres, les brochures et les journaux, le théâtre et les œuvres d'art, nous resterions fidèles à notre principe, et nous protesterions contre une pareille violence morale.

C'est donc par la liberté de lire tout ce que nos lois permettent d'imprimer, c'est-à-dire à l'école de la controverse, que peuvent seulement grandir et se fortifier les intelligences. Nous ne saurions trop insister, par cette raison, sur la nécessité de borner autant que possible les études de l'enfant et de l'adolescent à l'exercice des moyens d'apprendre et à l'acquisition des bonnes méthodes. La mémoire étant l'instrument par excellence, il convient qu'elle soit l'objet d'une gymnastique constante; mais le choix de ce qui doit être appris par cœur est par cela même très important. Or, nous aurons le courage de dire que des récits de batailles et de massacres politiques ou religieux, l'exposé de doctrines théologiques et mystiques, ne sont pas un bon aliment de l'éducation. Ce qu'en tire l'écolier comme profit moral est très problématique; et il peut, au contraire, y puiser des idées, disons mieux, des préjugés qui ne sont plus de notre époque, et en recevoir de ces premières impressions qui durent quelquefois toute la vie.

Voici, à ce qu'il nous semble, tout ce qu'on serait en droit d'exiger à l'expiration des deux premières périodes de l'enseignement, c'est-à-dire de quinze à dix-sept ans, selon le sexe. Lire, écrire, mettre l'orthographe, bien connaître la signification des mots usuels de la langue, et savoir rendre par écrit l'expression de ses pensées; dessiner de mémoire, rapidement et à grands traits, de manière à suppléer une description orale de quelque objet, faire une pochade, enfin; savoir se servir de la règle, du compas, et du pinceau, au moins pour le lavis et le coloris, de manière à dessiner les figures géométriques et à copier des cartes géographiques; connaître un peu la levée et le tracé d'un plan ; bien savoir, et appliquer dans leurs différentes combinaisons, les quatre règles fondamentales de l'arithmétique; posséder la nomenclature des diverses mesures : poids, capacité, distance, etc; avoir acquis les premières notions de notre système astronomique, assez seulement pour se faire une idée première du rôle très modeste que joue notre globe dans l'océan de l'infini ; connaître les grandes divisions géographiques de la terre, et plus intimement celles qui se rapprochent de notre pays ; posséder aussi bien que possible la géographie de la France, ses divisions départementales, indiquer ses chaînes de montagnes, le cours de ses rivières et de ses lignes de chemins de fer ; savoir sommairement comment poussent les végétaux destinés à la nourriture de l'homme, les fruits et les fleurs de nos climats, comment s'élèvent les animaux domestiques ; connaître le mécanisme des instruments les plus usuels du travail agricole et industriel, les principales matières premières, minérales, végétales ou animales, et l'histoire très élémentaire de leurs transformations, et enfin posséder les premiers éléments de la musique. Pour les filles, quelques-unes de ces études, inutiles à leur sexe, sont naturellement remplacées par des travaux d'aiguille.

Si quelques-uns trouvent ce programme bien incomplet, beaucoup, hélas ! le jugeront bien au-dessus de ce qu'ils ont pu apprendre. Presque toutes ces études figurent, il est vrai, au programme des écoles, surtout dans les grandes villes ; mais la plupart sont facultatives et non obligatoires pour le maître, qui, d'ailleurs, voit une partie de son temps absorbée par les exigences de l'instruction religieuse qu'il est obligé de donner à ses élèves. Et comme on est souvent beaucoup plus sévère, lors des examens pour l'obtention du diplôme, sur l'enseignement du catéchisme que sur beaucoup d'autres points, il ne faut point s'étonner si une partie des leçons dont nous venons de parler ne figure souvent que pour mémoire dans le plan des études primaires.

XIII

Nous n'avons à nous occuper maintenant que de l'instruction de l'adulte, et des diverses voies par lesquelles il peut acquérir *ce que chacun doit savoir*. Il y aurait un livre bien intéressant et bien important à faire sous ce titre ; mais en attendant qu'un homme de science trace un plan complet de bonnes études, on permettra à notre ignorance d'essayer d'indiquer ce qui manque à la plupart des hommes pour qu'ils puissent se manifester dans toute la plénitude de leur organisation. Notre tentative aura quelque analogie, nous le sentons bien, avec le récit que ferait de ses maux un malade étranger à l'art médical ; qu'importe, si elle ne passe pas inaperçue des hommes qui unissent à la science le véritable amour de leurs semblables?

Les journaux, objet, comme les romans,

d'une foule de réquisitoires, rendent cependant, quoi qu'on en dise, quelques services à l'enseignement de l'adulte. C'est par eux que sont répandues et que se propagent beaucoup de connaissances utiles. Les *faits divers* contiennent souvent, sous une forme facile à lire, concise et substantielle, l'indication sommaire de certains faits scientifiques. On y trouve de l'astronomie, de la météorologie, de l'histoire naturelle, de l'hygiène, des recettes chirurgicales ; on y reçoit, à chaque guerre ou menace de conflit entre les nations, des leçons assez précises de géographie, et les comptes rendus de livres ou d'inventions tiennent le lecteur intelligent au courant des progrès qui se réalisent chaque jour dans toutes les branches de l'activité humaine. La feuille quotidienne préserve un peu les populations aisées contre la rouille intellectuelle. et nous savons plus d'un homme du monde qui puise presque exclusivement à cette source un peu trouble. Si les écrivains de la presse quotidienne s'avisaient, un beau matin, de remplacer les phrases vides, produit de leur imagination plus ou moins excitée, par quelques solides et consciencieuses études, notre bourgeoisie si affairée, qui n'a plus de loisirs que pour les lectures rapides, se relèverait peut-être un peu de l'infériorité où elle se laisse aller. Car c'est un fait assez curieux à constater, les ouvriers des grandes villes, résignés à ne jamais rien espérer au delà de l'infime salaire quotidien, gagnent du moins à cette situation une certaine philosophie qui leur permet de penser à autre chose qu'à amasser une fortune ;

et ils ont d'autant plus de tendance à cultiver leur intelligence, qu'ils commencent à comprendre les satisfactions vraies de l'étude, et qu'ils y cherchent quelques consolations à une pauvreté pour le moment irrémédiable. De là ce phénomène : que l'instruction tend à se répandre momentanément en raison inverse de l'aisance. On ne peut guère atteindre aujourd'hui la fortune qu'en faisant de cette conquête le but unique de la vie, et en consacrant toutes ses forces et son intelligence à grossir son avoir. De là un rétrécissement et une sorte de paralysie de toutes les facultés non employées. L'industriel et le marchand doivent donc bénir la feuille de papier qui, tout en leur donnant la mercuriale de leurs denrées et de leurs produits, leur fait une obligation de s'occuper de temps à autre d'objets étrangers à leur idée fixe, et les rappelle ainsi par intervalles à la vie intellectuelle.

Voyez ce qui se passe en Angleterre. A côté de ces immenses journaux, que nul ne pourrait lire en entier, mais où chaque négociant cherche seulement l'article qui lui est utile : houille, coton ou fer, on trouve des journaux de sciences, d'histoire, de voyages, que dévorent les populations ouvrières; des cercles où des professeurs, rétribués par cotisation, font des cours ou des lectures; tout ce qui, en un mot, peut élever le peuple anglais à la hauteur de ses institutions libres, et le mener un jour à une meilleure condition matérielle.

En France, où, par suite de quelques abus commis sous le couvert de la liberté d'association, on a trouvé prudent de ne lui rien laisser à faire en dehors de l'aumône ou des secours mutuels, c'est la spéculation du libraire qui crée seule les moyens d'enseignement. Nous avons exprimé combien nous paraissaient exagérées les accusations répétées qui frappent les publications à bon marché. Cela ne veut pas dire que nous les croyons irréprochables et parfaitement appropriées à leur destination naturelle. Mais il faut faire la part des difficultés à vaincre. Il faut amuser, distraire le lecteur, ce grand enfant qui a encore besoin d'images et de contes. Si la science pouvait être enseignée par des romanciers aimés du public ; si ces écrivains arrivaient à comprendre le rôle utile et glorieux qu'ils pourraient assigner à leur plume, les progrès de l'instruction seraient bien plus rapides. Mais comme il est bien plus aisé de créer des traîtres de mélodrame que de vulgariser les explications de la science sur les grands faits de la nature, comme une fantaisie intellectuelle se bâtit avec beaucoup moins d'efforts qu'un récit historique, et que d'ailleurs auteur et lecteurs auraient besoin d'une préalable préparation, nous continuons à être charmés, puis fatigués, puis saturés du récit des prouesses d'escrime des mousquetaires gris ou noirs, des grands coups de hache du pirate, et des lamentables amours de la fille du bourreau avec le bandit de la montagne. Plus c'est bête et faux, plus cela se lit ; et l'écrivain, dont la haute mission serait de donner le ton, le reçoit au contraire de son public, qu'il a abreuvé d'alcool, et qui lui demande, blasé qu'il est, de l'acide sulfurique !

Nous le répétons, si l'on inaugurait, par impossible, l'ère des romans de la science et de l'histoire : si les feuilletons racontaient, avec le talent de nos grands écrivains, les étonnantes merveilles des cieux et de la terre, les magnificences de la mer, les amours de la plante, les voyages de l'oiseau, les admirables instincts de l'animal, l'harmonie de l'ensemble, l'homme serait bien vite amené à un plus réel état de civilisation.

Nous avons reconnu que les journaux quotidiens rendaient quelques services à ceux qui sont assez riches pour les lire. Nous mériterions le reproche d'ingratitude si nous méconnaissions les avantages bien supérieurs offerts à d'autres catégories sociales par la publication des livraisons à images dont le *Magasin pittoresque* a été et paraît vouloir éternellement rester le type le plus intelligent, le plus honnête, le plus moral, et partant le plus utile. Le succès de ces ouvrages dit assez qu'il y a toujours là un élément de gain pour la spéculation, si elle s'avisait par hasard qu'on peut quelquefois réaliser du même coup une bonne action et une bonne affaire.

En dehors des journaux avec ou sans images, l'ouvrier des villes pourrait trouver encore des éléments d'instruction dans les livres, si ceux-ci n'étaient le plus souvent d'un prix inaccessible aux petites bourses. Force lui est donc de se rejeter sur les bouquins vendus à bas prix, ou de puiser à la modeste bibliothèque qu'il a héritée de ses pauvres parents. Dieu sait alors l'effroyable gâchis qui doit se faire dans son esprit lorsqu'il se trouve aux prises avec ces livres de toutes les couleurs et de toutes les époques, que le hasard seul a réunis; il y trouve la philosophie du XVIIIe siècle, avec les controverses religieuses du jansénisme, la science du Petit et du Grand Albert, les anecdotes des *anas* et la poésie de l'*Almanach des Muses*. Morceaux d'histoire royaliste et jacobine, lambeaux de vieille science, tronçons d'idées diamétralement opposées, bribes de savoir sans aucun lien, c'est de ce manteau d'arlequin qu'il est obligé de couvrir sa nudité intellectuelle.

La conclusion de tout ceci est encore facile à tirer. C'est qu'il faut aider à la création d'un nouvel et sérieux enseignement de l'adulte, enseignement qui manque précisément à l'époque de la vie où il doit être le plus profitable. Il faut que des efforts considérables soient tentés, par ceux qui ont eu le bonheur d'apprendre, en faveur des déshérités du savoir. L'opinion publique, cette grande force; la démocratie militante, ce groupe dévoué, doivent agir dans cette voie d'une façon incessante. Les écrivains, la librairie, suivront ce courant de l'opinion, si on sait le rendre impétueux et irrésistible. Journaux, livres, images, toutes les formes du professorat doivent converger vers ce but : instruire.

XIV

Ceux qui ont la funeste habitude d'attendre tout des gouvernements, depuis la pâtée communiste jusqu'aux satisfactions de la pensée, ne manqueront pas de dire que c'est à l'autorité de pourvoir aux graves nécessités que nous avons signalées. Nous avons dit sincèrement notre pensée à cet égard, et nous aurons probablement occasion d'y revenir encore. Outre que les gouvernements ont d'autres devoirs, on ne saurait leur laisser ce qui est avant tout, nous ne saurions trop le redire, du domaine inattaquable de la liberté humaine. Qu'ils surveillent, et même dirigent, au point de vue civique et national, l'éducation de l'enfant ; qu'ils lui fassent donner gratuitement, au nom de la société et aux frais de tous, l'instruction élémentaire et préparatoire, nous n'avons qu'à y applaudir. Mais à l'homme, il faut une couche moins molle que celle de la pensée toute faite : il a le droit de tout èntendre, de tout comparer, et de choisir. Nous ne voudrions pas plus, nous le redisons encore, de l'exclusif enseignement d'un parti que de celui d'un gouvernement, parce qu'au fond ce serait absolument la même chose.

Ce que nous demandons, nous permettons donc à d'autres, à nos adversaires, à nos contradicteurs, de le demander et de le réaliser. Cette concurrence de l'enseignement existe déjà ; elle a été conquise par les grands efforts des précédentes générations, et nous y devons tenir comme à un des plus beaux fleurons de la Révolution française. Sera vainqueur des esprits, en dernier ressort, celui-là qui possède la vraie conscience des destinées de l'humanité.

Et après tout, quelque confiance que nous

ayons tous en nos sentiments et nos idées, sommes-nous absolument certains que ces sentiments et ces idées contiennent seuls toute justice et toute vérité ? Ce n'est pas nous qui disons : Hors de l'Eglise point de salut ! Ce n'est pas nous qui cachons sous les dehors de l'humilité l'immense orgueil d'une foi qui règle tout et juge sans appel ! Il nous semble donc juste, il nous semble même indispensable de laisser à tous, même contre nous, cette sainte liberté, hors de laquelle, dirons-nous à notre tour avec plus de certitude, l'humanité n'est et ne saurait être qu'un troupeau.

XV

La somme de savoir que doit posséder tout homme qui veut être, au sein de la société, autre chose qu'une machine à produire et à consommer, n'est pas aussi considérable et aussi difficile à acquérir qu'on pourrait le croire au premier abord. Il ne s'agit pas, en effet, de le transformer en savant et de le faire passer par les études sévères au moyen desquelles on se donne à soi-même *la preuve* des faits enseignés. Ce n'est point un besoin absolu de lui faire subir les labeurs pénibles de l'algèbre et des mathématiques, ni ceux des sciences élémentaires qui servent de base aux démonstrations du professeur. Puisqu'une existence entièrement consacrée à l'étude ne suffirait pas à tout savoir en détail, il serait absurde de demander ces préliminaires à celui qui ne peut disposer que de quelques heures prises sur le temps du repos ou du travail nourricier. Ce qu'il lui faut, ce n'est pas tant la science elle-même, que le résumé, la quintessence des faits démontrés par la science. De grandes vues d'ensemble lui suffiront : il arrivera, il est vrai, que dans beaucoup de cas l'écolier sera obligé de croire sur parole ce qui lui est enseigné, et c'est ce qui arrive, du reste, à beaucoup qui ne s'en croient pas plus ignorants pour cela. On peut bien ajouter foi aux lumières du calculateur astronome, qui prédit, à quelques secondes près, l'arrivée d'une éclipse, et quand il professe quelque théorie qui révolte nos sens et bouleverse notre entendement, nous n'en devons accuser que l'imperfection de nos sens et de notre entendement, puisque nous avons chaque jour sous les yeux l'exemple des jeunes étudiants qui arrivent à comprendre pleinement ce qui leur semblait, comme à nous, si étrange dès l'abord.

Et c'est déjà un des premiers bienfaits du savoir, cette méfiance qu'elle nous donne de nous-même, quand il s'agit du témoignage de nos yeux ou de la rectitude de notre raisonnement. Nous acceptons déjà, malgré leur incroyabilité, une foule de choses qui blessent nos idées et démolissent de fond en comble ce que nous avions cru certain et inattaquable. Il faut que nous nous fassions violence pour croire à ces nouvelles révélations de la science, car ce n'est que de raisonnements en raisonnements que nous arrivons, non pas à en avoir une certitude aussi absolue que l'ont les savants, mais à les comprendre à moitié. A mesure que nous voyons d'autres horizons scientifiques, de nouveaux étonnements nous attendent, notre intelligence bornée subit encore de rudes assauts; mais cette gymnastique lui donne une souplesse qu'elle n'avait pas jusque-là, et l'intellect s'élargit de plus en plus, jusqu'à ce qu'il lui soit permis de s'élever enfin à la compréhension des faits les plus inaccessibles et les plus voilés au vulgaire.

Il est donc possible, autant qu'il est désirable, qu'un homme dont la vie est consacrée à peu près entièrement au travail des bras, puisse, à l'aide des quelques heures de loisir dont il lui sera permis de disposer, faire bagage de notions générales sur tout ce qu'il est bon, utile, et même agréable de savoir. Avec de l'ordre et de la méthode, en commençant par où il faut, en suivant une route bien tracée, il lui suffira, pour arriver à être un homme dans la vérité du mot, de faire un judicieux emploi de ses heures de chômage ou de distraction. Il comprendra bien vite que le cerveau est un organe qui, comme les bras, a besoin d'exercice pour se développer, et désormais la lecture et l'étude tiendront une place sérieuse dans les occupations de sa vie.

Mais il faut pour cela qu'il soit aidé avec beaucoup de zèle, avec beaucoup d'intelligence, avec beaucoup de dévouement, par ses aînés plus heureux et mieux doués sous le rapport de l'intelligence. C'est une œuvre excessivement difficile que celle de l'enseignement de l'homme inculte, dont l'intelligence rouillée, faute d'exercice, n'est plus aussi malléable que celle de l'enfant; le terrain est déjà obstrué de préjugés, d'idées fausses, d'erreurs, qu'il faut, comme autant de mauvaises herbes, arracher et déraciner tout d'abord. Avant d'exposer le fait vrai, le professeur doit connaître la fausse notion qui en a tenu jusqu'ici la place, et la faire disparaître. C'est ce qui rend si ardue la tâche de l'instructeur; les hommes qui savent ne se doutent souvent pas du degré d'ignorance, ou plutôt d'erreur, où sont plongés ceux qu'ils veulent instruire, et c'est à cela surtout qu'il faut attribuer la lenteur de leurs succès.

Celui qui tient ici la plume est, malgré lui, resté assez ignorant pour savoir, mieux que qui que ce soit, la difficulté de cette tâche. C'est pourquoi il prend la liberté, non de tracer un plan et une méthode d'instruction populaire, mais de dire les obstacles que rencontre au sein des masses le développement de l'instruction. Et par la même occasion, en même temps qu'il dira aux hommes de science quelles sont ces difficultés, il apprendra à ceux qui, comme lui, n'ont eu pour professeur que le maître d'école du village et quelques bouquins recueillis au hasard, à quoi peuvent servir, même aux besoins de la vie ordinaire, les études auxquelles il les invite à se livrer.

XVI

C'est surtout par les livres, par des livres courts, substantiels, à bas prix, que doit se faire l'instruction de la généralité des citoyens. Ces livres doivent toucher un peu à tout, aux faits constatés de l'ordre physique comme aux hypothèses de l'ordre moral. Ils ont pour mission de tracer à grands traits, de décrire d'une façon sommaire et facile à retenir, tout ce qu'il est intéressant à l'homme de connaître, depuis les grandes leçons de l'astronomie jusqu'aux enseignements de l'histoire. Le monde extérieur d'abord : l'univers et l'infini ; notre globe et les êtres de toute nature qui le peuplent et l'animent ; puis l'homme, ses efforts constants vers une meilleure destinée terrestre, et ses aspirations vers Dieu, tel nous paraît être l'ordre dans lequel doivent se dérouler les leçons du professeur.

Avant d'aborder les diverses phases par lesquelles a passé la grande famille humaine, il nous semble rationnel de connaître d'abord le petit point qu'elle occupe dans l'univers. L'astronomie est donc une magnifique préface au grand et beau livre qui s'ouvre dès ce moment à l'intelligence de l'homme. On s'y élève du premier bond aux grandes pensées de l'infini et de l'éternité ; on y puise à la fois beaucoup d'humilité et beaucoup d'orgueil. Le sentiment de la petitesse de notre être physique s'empare de nous, quand nous voyons le rôle infime de ces fourmilières humaines que nous nommons de grandes nations, quand nous songeons au théâtre restreint où s'agitent leurs passions et leurs intérêts, quand enfin il nous est démontré que le globe qui nous sert de demeure n'est lui-même qu'un misérable et imperceptible grain de sable, comparé à tout ce qui l'entoure. Et en même temps nous ne pouvons nous empêcher d'exalter cette noble intelligence qui nous donne successivement la connaissance et la clef de toutes ces grandes merveilles, et qui nous a permis de découvrir les magnifiques lois de leur harmonie, dès que nous avons su et voulu faire usage du don le plus précieux de notre nature : la liberté.

Car, il ne faut pas l'oublier, c'est à la liberté, c'est au libre essor de la conscience et de l'intelligence humaine que nous sommes redevables de ces pures jouissances ; c'est à elle qu'appartient l'honneur des découvertes de l'homme dans ce domaine extérieur dont les croyances antiques réservaient l'étude aux seules castes sacerdotales. La cosmogonie, l'histoire des mondes, se liait intimement autrefois aux doctrines morales enseignées par les prêtres des diverses religions : parlant au nom de Dieu, et donnant aux hommes, comme émanant de lui, les lois qui devaient maintenir les sociétés dans un ordre plus ou moins parfait, ces dictateurs de l'humanité avaient besoin, pour maintenir leur autorité, de s'appuyer sur une science mystérieuse qui, à les en croire, leur avait livré tous les secrets de la création. Leur enseignement ne pouvait donc se scinder : contester, examiner même leur science, c'eût été méconnaître l'origine divine qu'ils lui donnaient. Les Copernic et les Galilée, osant le faire, ont donc été les plus hardis, les plus audacieux des révoltés de leur temps, et c'est surtout leur exemple qui a ouvert la brèche aux flots des découvertes modernes. Toutes les sociétés antiques, malgré leur civilisation, si avancée à quelques égards qu'elle n'est pas même égalée de nos jours, ont tourné dans ce cercle vicieux de la cosmogonie établie comme base des croyances religieuses, et par conséquent mise hors de l'examen et de l'étude.

A ceux qui pourraient demander à quoi sert la science de l'astronomie, on voit combien il est facile de répondre. Il a suffi de quelques recherches appuyées sur les mathémathiques, la physique générale et la mécanique, pour ébranler tout le vieux monde. En dépouillant la Bible de son autorité scientifique, on a discuté son autorité morale; en reconnaissant que la caste sacerdotale enseignait des erreurs de fait, on a été conduit à se demander si elle ne commettait pas aussi des erreurs de doctrine. Et à force de sang versé, de bûchers et d'échafauds, nos pères ont conquis, par le martyre, le droit que nous possédons enfin de chercher Dieu et sa loi en toute liberté, avec le prêtre ou en dehors de lui. Toute la civilisation moderne est là!

L'astronomie est donc par excellence la science révolutionnaire. Elle est aussi la science initiatrice; elle nous élève au-dessus des choses ordinaires de la vie, jette notre imagination dans les hypothèses les plus hardies, et nous fait rêver à ces espérances d'outre-tombe dont l'homme ne se séparera jamais tant que les secrets de la naissance et de la mort seront pour lui lettre close.

Voyons, par exemple, comment elle satisfait notre esprit quant aux idées de l'infini et de l'éternité. Selon notre raisonnement humain, basé seulement sur ce que nous voyons ou croyons voir, tout a des limites, un commencement et une fin. Notre habitation a ses limites: des murs;

notre village a ses limites : une route ; le département est borné par une rivière, la province par un fleuve, la nation par une chaîne de montagnes, le continent par une mer. Le globe lui-même semble avoir pour limites l'extrémité supérieure de sa couche atmosphérique. Nous en concluons tout d'abord que l'univers aussi a ses bornes. Mais quand nous y songeons de près, quand nous examinons, quand nous découvrons, à mesure que nos instruments d'optique se perfectionnent, des myriades d'étoiles, c'est-à-dire de soleils semblables au nôtre, mais plus éloignés, là où nous ne voyions rien hier ; quand nous présumons, sans trop de chances d'erreur, que ces soleils sont autant de centres d'attraction et de mouvement pour une multitude innombrable de planètes du genre de la nôtre, et très probablement habitées par des êtres ayant vie et intelligence, nous sommes en face de deux opinions que notre faible raison ne peut entièrement admettre, mais dont l'une cependant est plus croyable, sinon plus compréhensible, que l'autre. L'infini nous paraît acceptable, bien qu'étrange, et le fini ne supporte plus l'examen. En effet, au-delà de tout ce que nous voyons à l'aide des télescopes, notre imagination peut croire et admettre qu'il y a encore bien des choses plus éloignées, que nous ne voyons pas. Puis au delà, qu'y a-t-il ? Rien ? le néant ? Qu'est-ce que le néant ?

Non : quelque incroyable, incompréhensible que soit l'idée de l'infini, nous la saisissons, nous l'acceptons, et l'idée du néant, du vide, devient antipathique à notre raison.

Il nous revient en mémoire, à ce propos, la leçon d'un vieux professeur qui se chargeait, lui aussi, de démontrer et de faire accepter l'idée de l'infini, non par l'astronomie, mais par une simple opération arithmétique : « Prenez, » nous disait-il, un crayon et une feuille de pa- » pier. Tracez le chiffre 1, et doublez-le ; dou- » blez ensuite tous les produits, ou multipliez- » les l'un par l'autre. Quand vous aurez empli une » feuille de papier, prenez-en une main, et con- » tinuez. Quand vous aurez épuisé la main, faites » provision d'une rame, et chiffrez toujours. » Quand vous aurez épuisé mille crayons, et tout » le papier d'un ministère, allez toujours : pas- » sez-y les jours et les nuits ; adjoignez-vous tous » les algébristes de l'Observatoire, les fourriers » de tous nos régiments, les commis de toute » l'Angleterre, vous ne finirez jamais de chiffrer, » et de doubler ou de multiplier. Vous aurez » sans doute quelque peine à nombrer vos pro- » duits : peut-être serez vous obligés bientôt » d'inventer des mots nouveaux pour exprimer » vos nombres ; mais quant à trouver, à conce- » voir même l'idée d'une limite quelconque à » ce travail de Danaïdes, vous n'y arriverez ja- » mais. Voilà, disait-il en terminant, une preuve » de l'infini trouvée ! »

Indépendamment de cette haute portée, l'étude des corps célestes peut encore servir à vaincre une foule de préjugés séculaires sur l'influence des astres, vieil héritage de l'astrologie, transmis d'âge en âge jusqu'en notre XIXe siècle par la voie des almanachs. On ne croit plus guère, il est vrai, que les signes du zodiaque entrent pour quelque chose dans la destinée de l'homme ; mais on trouve encore beaucoup de personnes disposées à attribuer à la lune, plus que de raison, la responsabilité des bienfaits ou des tourmentes atmosphériques. Il est donc bon qu'en cette matière le vrai se dégage du faux, et que l'on sache désormais quel rôle notre satellite joue à l'égard de notre globe en dehors de la production des marées, et qu'on puisse séparer ce qui est du domaine de l'astronomie et de la météorologie de ce qui n'appartient qu'aux Mathieu Laensberg.

Des espaces célestes nous devons descendre à l'examen de cette vaste couche d'air qui entoure notre globe, et dont nous ne constatons, pour ainsi dire, l'existence qu'au moment où les vapeurs y prennent un corps visible sous forme de nuages. Nous trouvons là nos premières notions de physique et de chimie ; nous y apprenons que tous les corps peuvent affecter successivement l'état gazeux, l'état liquide et l'état solide, et que, sous l'influence et par la pénétration de la chaleur, de la lumière et de l'électricité, ils peuvent occuper plus ou moins de place dans l'espace en se dilatant ou en se condensant. Si peu avancée qu'elle soit encore, la science météorologique est une de celles dont les phénomènes ont le plus d'action sur notre existence. De la sécheresse ou de l'humidité dépendent souvent le développement des végétaux et la vie des animaux qui servent à notre nourriture. Il est donc excessivement intéressant pour nous de rechercher jusqu'à quel point l'homme peut prévoir ou conjurer les perturbations de ces sources vitales, et l'agriculteur y trouvera au moins quelques précieuses indications pour la direction, la marche et l'enchaînement de ses travaux.

Il apprendra à se servir du thermomètre, de l'hygromètre et du baromètre, pour combiner savamment ses plantations, ses cultures et ses moissons. Le marin trouvera également dans ces attrayantes recherches les moyens de faire coïncider avec ses excursions les époques périodiques des vents et des marées. Il n'est personne, enfin, qui ne puisse se préoccuper, et qui ne veuille au moins parler en connaissance de cause de la pluie, de la neige, de la grêle, du tonnerre, des moussons, du mistral, du simoun et de tous ces intéressants phénomènes qui ont l'atmosphère pour théâtre.

Dans cette période de l'enseignement, le lecteur aura déjà appris beaucoup de choses qui lui rendront infiniment plus faciles les études qu'il aura à poursuivre plus tard. Il saisira mieux en quoi les lois de la physique générale et de la mécanique céleste diffèrent de celles qui régissent les corps à la surface de notre globe. Le phénomène de l'homme des antipodes, placé la tête en bas relativement à nous, ne lui paraîtra plus aussi inexplicable lorsqu'il se rendra compte des effets de l'attraction de la terre sur les corps qui sont à sa surface ou dans son atmosphère. Il comprendra aisément qu'en vertu de cette attraction, tout ce qui touche la terre s'y trouve en quelque sorte attaché, et que pour bouger de place, c'est-à-dire résister à cette force attractive et supporter le poids de l'air, qui lui aussi est attiré, il faut une grande dépense de forces. Il saura ce que c'est qu'une force, et quelles en sont les lois mathématiques. La chute d'une pomme lui fera voir, comme à Newton, ce qu'on nomme le centre de gravité. Et quand ces leçons préliminaires de physique et de mécanique lui seront devenues plus familières, il pourra aborder plus intimement l'étude particulière des transformations de la matière dont tous les corps sont composés : la chimie.

Quels admirables horizons s'ouvriront devant lui lorsqu'il arrivera à reconnaître que tout, dans la nature, se réduit à la combinaison d'une très petite quantité d'éléments, si même il y en a réellement plusieurs. De même qu'en effilant une étoffe faite de plusieurs matières, on en sépare les parties constitutives : la soie, la laine, le fil, le coton, de même tous les corps, passés par les épreuves de l'électricité, ou du feu, ou de l'eau, ou de certains réactifs, sont ramenés à leur principe immédiat, à leurs éléments, très peu nombreux, très peu variés, comme nous l'avons dit. Il faut abandonner, il est vrai, les quatre éléments des anciens, tradition fidèlement conservée d'âge en âge, et que nos grand-mères nous transmettaient encore hier. L'*air* n'est plus un élément, c'est un composé de quelques éléments ; la *terre* n'est pas un élément : l'humus (terre végétale), les minéraux (cailloux) sont des composés; le *feu* n'est pas un élément, c'est le résultat d'une combinaison toute particulière qui mérite une étude spéciale; l'*eau,* enfin, est un composé d'éléments dont le premier livre de chimie vous donne les noms et la proportion.

Et ce n'est pas seulement ici une étude de curiosité. Les transformations chimiques sont de tous les instants : elles touchent à tous les phénomènes de la vie, à tous les besoins matériels de notre être. L'entretien et les progrès de notre vie physique sont de constantes opérations de laboratoire. La cuisson de nos aliments est une préparation chimique; l'emploi de leurs résidus comme engrais une combinaison chimique, et la connaissance des éléments de la matière est encore bien plus indispensable à l'agriculteur que l'astronomie et la météorologie. Les cristallisations, les combinaisons, qui forment en quelque sorte la vie du minéral, sont entièrement du ressort de la chimie, et en forment la branche dite *inorganique.* Les emprunts successifs que le règne végétal fait à son tour au règne minéral, l'absorption du végétal par l'animal herbivore, et de ce dernier par l'animal carnassier et par l'homme, cette assimilation sans cesse renouvelée, cette transformation permanente de la matière par une succession infinie de naissances et de morts, donnent à la chimie *organique* un attrait encore plus vif, parce qu'elle touche à cette chose mystérieuse qu'on appelle la *vie.* Ici la science de l'homme s'arrête et s'incline devant une barrière insurmontable. Nouveaux Prométhées, nos chimistes cherchent en vain à dérober cette étincelle de feu sacré qui maintient en voie de progrès et de mouvement, souvent pendant de longues années, tel corps qui n'est selon eux qu'un amas d'atomes chimiques, une combinaison ingénieuse de la matière. Ils peuvent bien faire disparaître cette étincelle : la destruction de l'être est en leurs mains, mais sa résurrection leur échappe. Habiles dans l'analyse, ils décomposent savamment, numérotent et pèsent les pièces de l'appareil vital, en déterminent sûrement la nature matérielle ; mais ils ne peuvent créer la plus humble plante, l'animal le plus simplement construit. Cette lutte du matérialisme, cette révolte de l'orgueil humain a quelque chose de grandiose qui séduit et attire.

Il est facile de voir comment de la chimie générale on est conduit à vouloir connaître dans leurs détails les mille et une manières d'être de la matière qui forme notre globe terrestre. C'est d'abord de ce globe lui-même, de sa formation, de ses révolutions attestées par tant de témoins muets, que la géologie va traiter. Science encore un peu conjecturale, elle n'en a pas moins d'attraits : les merveilleuses hypothèse des savants, les théories de ce feu central dont les anciens avaient fait leur Tartare, ces volcans soulevés, ces matières brûlantes peu à peu refroidies et solidifiées, ces gaz épurés par les efforts du temps, ces timides essais de végétation, ces innombrables coquillages qui révèlent la vie animale au milieu de cette formation minérale encore récente, ces lourdes et informes bêtes qui apparaissent les premières au sein des eaux : quels magnifiques et dramatiques tableaux !

De l'ensemble du globe, il nous faut maintenant descendre à l'examen de ses atomes constitutifs. C'est la minéralogie qui nous initie aux lentes transformations de la matière liquide ou gazeuse en matière solide : nous pénétrons avec elle dans la croûte solide du globe, et nous y trouvons les marbres, les granits, les pierres de toutes sortes, les métaux rares et devenus précieux par cela même ; ceux que l'homme a plus tard appropriés aux jouissances et aux aises de de sa vie ; les combustibles minéraux, et enfin cette *terre*, débris millénaires des végétaux dont les couches se sont accumulées successivement pour faire un moelleux oreiller à une nouvelle végétation. Quand nous avons bien compris les lois de l'accroissement du minéral, quand tous les cailloux possibles ont été devant nous réduits par la chimie à leur plus simple expression, voici venir la botanique.

Non pas cette botanique de classification qu'on enseigne au collége, et qui devrait être exclusivement réservée aux savants, mais cette botanique physiologiste qui nous initie aux conditions d'existence du végétal, à cette vie particulière servie par des organes tout spéciaux ; à cette transformation de l'air, de l'eau, et des éléments chimiques de l'humus et des engrais, en cette substance nouvelle qu'on nomme la plante ; aux phases successives de sa germination, de son accroissement, de sa fécondation et de sa fructification : étude de grand attrait pour le simple curieux, pleine d'utilité pour les ouvriers des champs et pour ceux d'une foule d'autres industries qui mettent en œuvre les produits végétaux.

De la vie végétative nous arrivons à l'étude de la vie animale, dans toutes ses manifestations en quelque sorte progressives, depuis le zoophite, qui fait la transition des deux règnes, jusqu'à la bête la plus perfectionnée à notre sens, c'est-à-dire se rapprochant de l'homme par l'organisation physique. Ici viennent se poser les problèmes les plus ardus de la science, et la diversité des systèmes y apparaît dans tout son intérêt. Ces êtres si variés descendent-ils chacun d'un premier type créé, qui renfermait en lui le germe de tout ce qui s'est reproduit depuis et se reproduira à l'avenir? En d'autres termes, tout vient-il d'un œuf? Ou bien admettra-t-on, avec d'autres savants, que, dans certaines conditions, la matière peut s'animer d'elle-même, par la génération spontanée? Les infusoires microscopiques que renferme la goutte d'eau la plus pure proviennent-ils d'une semence apportée là, ou y naissent-ils d'eux-mêmes? Dans cette échelle d'animaux qui, comme nous l'avons dit, semblent s'être succédé avec perfectionnement continu, faut-il voir autant de créations distinctes que d'espèces, ou simplement des modifications insensiblement apportées à la forme d'un premier animal sous l'influence de nouvelles et plus difficiles conditions d'existence? Ces profonds mystères de la nature sont chaque jour l'objet d'investigations nouvelles : chaque découverte semble soulever un des voiles qui cachent encore la vérité ; mais ici, comme partout, c'est la liberté seule qui pourra donner la solution. Si de pareilles recherches étaient, comme autrefois, déclarées impies; si on tentait de décourager les chercheurs en les accusant de panthéisme et de matérialisme, et si la légende de l'arche de Noé devait gouverner encore une fois la zoologie, nous retomberions rapidement dans les ténèbres du moyen âge.

Sans doute que, tiraillé par toutes ces hypothèses de la science, celui qui veut s'instruire sera parfois fort embarrassé, et l'on nous reprochera d'avoir contribué à embrouiller son entendement par cet enseignement contradictoire. Chaque créateur de système prétendra que lui seul possède la vérité, et s'écriera qu'en dehors de ses idées, il n'y a qu'erreur. Il y a des partis dans les sciences naturelles comme dans les sciences historiques et dans la politique; et malheureusement il n'est pas aussi facile de juger les faits scientifiques que les faits humains : le suffrage universel, ce moderne moyen de faire l'unité ici, serait absurde là. Ce qu'on peut donc faire de mieux, ou de moins mal, en pareille matière, c'est de donner au public, impartialement, l'exposé de toutes les idées ayant un nombre respectable de partisans. Qu'à l'écolier on ne donne que la science officielle, la science académique, cela se conçoit : il ne faut pas jeter trop tôt l'esprit humain dans les voies de la contradiction; mais, pour des hommes, ce régime ne serait pas fortifiant. Ne sait-on pas d'ailleurs que la plupart des idées nouvelles, avant que d'être acceptées par les Académies, ont d'abord été combattues à outrance par ces mêmes corps savants!

XVII

Pour compléter notre programme d'études, il ne nous reste plus à nous occuper que de l'homme, sous le rapport physique d'abord, puis sous le rapport social. Ce serait le *nec plus ultra* de la civilisation qu'une société dont tous les membres seraient assez instruits pour n'avoir plus besoin de recourir au médecin dans leurs maladies. Mais il ne faut pas faire ce rêve irréalisable. Toutefois, il est à désirer que l'on puisse en connaître suffisamment pour régler son hygiène préservatrice. L'homme pauvre et ignorant néglige une foule de détails de la vie matérielle, et dédaigne de soigner des indispositions qui se tranforment en maladies meurtrières; l'homme du monde organise sa vie de manière à éviter les causes de maladie, et la statistique prouve l'èxcellence des préceptes hygiéniques par l'augmentation de la vie moyenne chez ceux qui les pratiquent, même en tenant bon compte de la part qu'y prennent aussi le bien-être et les aisances de la vie.

Il est donc bon, à ce point de vue, d'étudier l'organisation du corps humain. Cela est encore très utile sous un autre rapport : l'influence du physique sur le moral, et réciproquement. Une bonne éducation de l'enfant doit agir autant sur son corps que sur son intelligence ; il faut donc que les conditions de son développement soient bien connues des parents et des instituteurs. La femme enceinte, la nourrice, elles aussi, ont besoin d'une hygiène intelligente; autant d'études à faire pour le chef de famille.

Nous avons enfin besoin de connaître l'homme passionnel avant d'aborder l'histoire des sociétés humaines. Ses instincts naturels, ses besoins de toute espèce, son *moi*, les modifications que peut faire subir à tout cela l'éducation, peuvent donner la clef de bien des grands événements historiques. Il est bon aussi de savoir ce qu'ont pensé et ce que pensent les plus éminents et les plus savants sur cette grave question des races, qui bouleverse en ce moment même les Etats-Unis d'Amérique, pour le maintien de cette atrocité qu'on nomme l'esclavage : question jugée mille fois pour nous, démocrates français, qui avons eu l'honneur de briser, en 1848, le dernier anneau de cette chaîne d'ignominie; mais question que les intérêts et les préjugés n'ont pas encore vidée, et qui trouve encore des avocats jusque sur les hauteurs de la science!

XVIII

Nous voici arrivés au couronnement de l'édifice, à l'histoire proprement dite, avec ses grandes divisions : l'histoire ancienne, l'histoire du moyen âge et l'histoire moderne. Nous embrassons ici toutes les manifestations de l'esprit humain : les religions, depuis le fétichisme jusqu'au christianisme et ses diverses branches; la politique, depuis le despotisme et les républiques aristocratiques jusqu'au suffrage universel; la guerre, avec ses nombreux fléaux et ses rares bienfaits, depuis les castes guerrières jusqu'aux levées en masse de 1792; l'économie sociale, depuis le communisme de Lycurgue jusqu'aux associations ouvrières de 1848; la liberté corporelle, depuis l'esclavage jusqu'au prolétariat; la liberté morale, depuis les castes de l'Inde jusqu'à l'émancipation des Israélites par la Révolution française; le travail, enfin, avec ses résultats civilisateurs, depuis le sillon ouvert par l'empereur de la Chine jusqu'à la pose du câble électrique transatlantique.

Est-il possible de réunir tout cela dans des livres d'histoire? Et pourquoi pas? Pourquoi ce nom d'histoire abriterait-il éternellement les hauts faits, disons mieux, les méfaits d'une aristocratie et de ses chefs élus ou héréditaires? Pourquoi ces grandes mêlées d'hommes, pourquoi ces tempêtes où pleuvait le sang humain auraient-elle toujours le privilége d'absorber les trois quarts des récits historiques? Les documents manquaient, il est vrai, pour parler d'autre chose; les chroniqueurs étaient des grands seigneurs ou des moines attachés aux maîtres du temps; les grands coups d'épée et ce qui s'ensuit, pillage, dévastation et pis encore, étaient les grandes actions des âges antérieurs. Mais maintenant la lumière se fait sur l'œuvre patiente des petits, des humbles et des souffrants : les monuments, les chartes, mille documents exhumés révèlent un autre monde qui vivait à côté du monde officiel des cours. Il y a là toute une voie nouvelle ouverte aux historiens. Plus n'est besoin d'exalter constamment la grandeur du guerrier, quand vous avez à raconter le martyre du novateur, ce persécuté de tous les temps, de l'hérétique, ce précurseur de la libre pensée, de l'alchimiste, ce père de la science moderne, de l'inventeur, ce paria de toutes les civilisations, et du travailleur de la terre, ce nourricier toujours affamé !

Voilà les vrais héros qu'il s'agit maintenant de glorifier si vous ne voulez que la force règne toujours en maîtresse souveraine ! Pourquoi les grandes ambitions humaines ne se satisfont-elles généralement, ne s'établissent-elles que par la guerre, si ce n'est que la renommée n'existe que pour le guerrier ? Quiconque veut sa page au grand livre de l'histoire sait d'avance qu'elle ne lui sera accordée qu'à la condition de mener au combat les plus nombreuses armées. Plus grand sera le cataclysme, plus grand sera celui qui l'aura ordonné ? La faute n'en est pas aux conquérants : elle est à ceux qui distribuent la gloire, et à l'imbécillité humaine qui l'accepte ainsi !

Grâce aux progrès des temps, grâce à la glorification du travail courageusement entreprise depuis la fin du siècle dernier, l'histoire de l'avenir aura d'autres ouvriers que celle du passé ! La guerre ne sera plus exaltée quand même : elle sera sévèrement examinée dans ses résultats et dans son but : les guerres de principes, les luttes d'affranchissement, qui ne sont après tout que des luttes défensives, seront seules glorifiées, et peut-être devrions-nous dire amnistiées. Osez donc, historiens, suivre ce grand courant d'opinion qui envisage enfin la guerre comme une calamité, et qui tient mille fois plus en honneur et en estime le créateur d'un nouvel instrument de travail ou l'inspirateur d'une institution bienfaisante que le plus consommé des chefs d'armée. Tenons pour ce qu'elle est la valeur militaire : n'oublions pas que si le mépris de la mort est une grande et mâle vertu, nécessaire à tous et indispensable à qui veut être libre, le mépris de la vie d'autrui y touche de trop près pour ne pas inspirer de vives et justes appréhensions !

XIX

Les livres d'histoire comme nous les comprenons ne sauraient cependant embrasser une foule de choses qu'il est nécessaire de savoir, et pour lesquelles des livres spéciaux seraient encore à faire. C'est surtout à propos des progrès de l'art et de l'industrie qu'ils ne pourraient entrer dans les détails nécessaires. L'art a besoin, pour être compris de tous, d'une sorte d'initiation, d'éducation spéciale, pour ainsi dire. Indépendamment de ce qui en constitue la partie matérielle, dont les éléments ne peuvent être du domaine de tous, sauf le dessin et le solfége, tout homme bien doué peut arriver à subir leur influence, et plus tard à en juger les effets en connaissance de cause. Quant aux progrès industriels, si rapides de nos jours, il est vraiment honteux de penser qu'une foule de gens passent chaque jour à côté sans les voir, et en usent sans les comprendre. Très peu de personnes savent comment sont tissées les étoffes dont elles sont vêtues : il en est qui ignorent même comment s'obtiennent les aliments dont elles se nourrissent le plus ordinairement. Tout le monde va en chemin de fer ou en bateau à vapeur : combien peu savent ce que c'est qu'une locomotive ou une machine à vapeur ? Nous usons du télescope, du microscope, des lunettes, sans avoir souvent les premières notions d'optique. Nous multiplierions à l'infini les exemples de cette ignorance qui nous mettrait au-dessous du sauvage, si par hasard nous nous trouvions jetés en face de lui, dans une condition analogue à la sienne. Nous sommes presque tous rivés à une spécialité de travail dont nous ne sortons pas; de là notre infériorité comme colonisateurs. Un Américain, de quelque condition qu'il soit, est toujours un peu terrassier, bûcheron, forgeron, menuisier, charpentier, souvent encore mécanicien. Il sait se bâtir une cabane ; il fait sa cuisine ; il taille, coud et répare ses vêtements. Il se tire d'affaire dans toutes les positions que le sort lui assigne, et cela grâce à un simple effort de sa volonté. Sans en exiger autant de nos Européens, gâtés par l'extrême division du travail, nous voudrions qu'ils ne fussent étrangers à rien, au moins en théorie, et dans les généralités, de tout ce qui touche à l'existence de l'homme.

XX

Il faut à la foule, nous le répétons, des livres

concis, peu volumineux, qui renferment la quintessence des connaissances humaines dans le plus petit espace possible, et qui soient, par leur prix, à la portée de toutes les fortunes. Si le vœu que tant de bons esprits ont formé à cet égard n'est que peu ou point exaucé, cela tient d'une part à ce que de pareils livres sont extrêmement difficiles à faire, d'autre part à ce qu'ils exigent beaucoup de travail et donnent peu de profit. Il ne faut pas s'attendre à voir de sitôt les écrivains qui vivent de leur plume se diriger dans cette voie ruineuse pour eux : ils n'y viendront que lorsque l'on sera parvenu à leur créer un public de cent mille lecteurs, parce qu'alors le nombre des acheteurs les dédommagera du bas prix de leurs droits d'auteur. Mais jusque-là il serait injuste de les blâmer s'ils continuent à s'adresser à cette portion du public qui peut convenablement rétribuer leurs travaux.

Ceci nous conduit naturellement à exprimer notre reconnaissance pour le dévouement absolu, le rare désintéressement des collaborateurs de la *Bibliothèque utile*. On ne saurait trop rappeler avec quel empressement et quel véritable amour du peuple chacun d'eux s'est mis à cette tâche ardue. A vrai dire, pareille tentative était absolument impossible en dehors des sentiments élevés et nobles qui l'ont inspirée. Ce ne pouvait être une œuvre de lucre, ni même une œuvre de retentissement glorieux : le seul désir d'être utile, d'aider à l'affranchissement moral du plus grand nombre, de préparer les voies d'un meilleur avenir pour tous, tel était, tel est encore le seul mobile du sacrifice que la démocratie militante s'est imposé. Le but indiqué sera-t-il pleinement atteint? La publication populaire réalise-t-elle complétement le programme que nous avons essayé d'esquisser? C'est ce dont le public pourra juger mieux que nous. L'œuvre n'est, d'ailleurs, qu'ébauchée : elle doit nécessairement se perfectionner, et nous croyons qu'en descendant un peu plus dans les détails de la vulgarisation, en tenant un peu plus compte qu'elle ne le fait du peu de connaissances préalables que possède le lecteur, en se faisant davantage toute à tous, elle rendra d'éminents services. Elle aura au moins le mérite d'avoir montré la route, et d'avoir marché résolûment malgré les graves préoccupations du temps où nous vivons.

Il faut se consoler, du reste, du ton un peu trop élevé peut-être de la *Bibliothèque utile*, en songeant qu'elle est surtout destinée à faire des *moniteurs*, qui, à leur tour, traduiront les leçons qu'ils auront reçues d'une manière plus appropriée à l'état intellectuel de leurs nouveaux auditeurs.

Il est encore, en effet, bon nombre d'hommes qui reculeront tout d'abord devant l'enseignement par les livres, et qui accueilleront, au contraire, avec empressement celui qui leur sera donné oralement, par voie de lectures publiques ou de conversations.

Disons à ce propos ce que nous pensons de ce mode d'instruction, et quels en sont, selon nous, les instruments naturels.

XXI

En examinant combien il restait à faire pour la continuation de l'instruction de l'homme au delà de l'école, nous nous étions promis de ne pas oublier de parler de l'école régimentaire, et des écoles du soir qu'ouvrent pour les adultes un certain nombre d'instituteurs communaux. Jusqu'ici on n'a guère fait qu'y continuer les leçons de l'école, c'est-à-dire y enseigner aux adultes ce qu'ils n'avaient pu apprendre dans le jeune âge. Mais ces écoles pourraient aller beaucoup au delà, surtout si elles se modifiaient en vue des élèves qui ont déjà un premier acquis, c'est-à-dire qui possèdent les instruments du savoir.

C'est très certainement une excellente pensée que celle des écoles régimentaires, et elle nous paraît plus profitable à la société que l'application tant de fois demandée de l'armée aux travaux publics. Malheureusement elle n'est pas accueillie, de ceux à qui elle pourrait rendre d'éminents services, avec toute l'intelligence et la reconnaissance désirables. L'émulation fait défaut, et quelques francs distribués une fois l'an aux plus avancés ne sont pas une récompense de nature à provoquer beaucoup d'efforts.

Les écoles régimentaires ont deux degrés : les simples soldats sont seuls admis à celle du premier degré, où l'on se borne à enseigner la lecture, l'écriture et un peu de calcul. Les écoles du premier degré sont trop petites pour recevoir tous ceux qui ont besoin d'apprendre, et l'on y appelle d'abord les hommes de bonne volonté ; s'il reste de la place, on oblige alors un certain nombre d'illettrés à venir compléter le nombre voulu d'écoliers. Cette école est la seule où l'on distribue les récompenses pécuniaires dont nous venons de parler. C'est ordinairement un sergent-major ou le vaguemestre qui la conduit, avec l'aide de quelques caporaux servant de moniteurs, sous l'inspection et la direction, plus apparente que réelle, de l'officier chargé de l'enseignement du second degré.

Cette dernière école, la seule qui rentre dans le sujet qui nous occupe, est exclusivement ouverte aux sous-officiers, et nous ne comprenons pas qu'aucun stimulant ne soit offert aux progrès de ceux qui la fréquentent. Le programme de l'enseignement est assez large, puisqu'on y donne des leçons d'histoire ; mais comme on paraît surtout s'y préoccuper de former des comptables, c'est l'arithmétique et la calligraphie qui dominent.

Les bibliothèques que forment à leurs frais les officiers et les sous-officiers servent bien un peu aussi l'enseignement ; mais leur fréquentation est toute volontaire.

Les écoles régimentaires ne peuvent être soustraites, on le comprend aisément, à l'action gouvernementale et à l'esprit absolu de discipline qui dirige l'armée. Aussi peut-on s'imaginer que l'expurgation des livres et la direction de l'enseignement y soient aussi sévères que dans un séminaire, bien qu'à un tout autre point de vue. Ces écoles sont donc un instrument d'éducation militaire bien plus qu'un moyen d'instruction. Néanmoins, telles qu'elles sont établies, on y peut voir un germe précieux pour l'avenir. Si l'on voulait y introduire les améliorations que nous allons formuler tout à l'heure en parlant des écoles du soir, cette institution compenserait un peu, en l'utilisant, la perte de temps éprouvée par le soldat dans les loisirs improductifs de la vie de garnison, pendant lesquels il oublie son métier et perd l'activité du travail de l'atelier.

XXII

Faisons maintenant la part de l'instituteur qui, par les écoles du soir, peut continuer l'enseignement au delà du terme habituel et l'élargir beaucoup plus que ne le fait l'école régimentaire.

Pour ceux qui croient que le progrès peut, à certains moments, doubler les étapes, et qui voudraient mettre en serre chaude une ou deux générations, afin que les suivantes ne pussent jamais revenir aux traditions du passé, pour ceux-là, l'instituteur devient l'homme le plus important, le plus essentiel rouage de la machine sociale. Il est, à leurs yeux, le contrepoids nécessaire du prêtre, son concurrent forcé dans l'éducation morale et son adversaire naturel dans l'éducation civique. Et nous supposons, sans en être bien assuré, que ceux qui considèrent ainsi l'instituteur admettent en même temps un régime de liberté qui laisserait aux croyances catholiques toute latitude de se maintenir et de s'étendre, par leurs propres efforts et sans secours étranger, régime que nous croyons seul juste et légitime. Eh bien, même dans ce cas, la position de l'instituteur serait, selon nous, fausse et regrettable. Selon qu'il serait attaché à la croyance ou séparé d'elle, il en rapprocherait ou en éloignerait les enfants, et sortirait ainsi des devoirs véritables de son état. Etant admise, comme elle l'est aujourd'hui par tous les hommes d'avenir, la séparation absolue du spirituel et du temporel, l'instituteur devrait garder vis-à-vis des enfants, en matière religieuse, la neutralité la plus absolue, et laisser rigoureusement, à cet égard, les familles faire ce qu'elles jugeront convenable. Bien entendu que, comme homme, il a parfaitement le droit d'être catholique, protestant, israélite ou libre penseur. L'Etat, chargé de veiller à ce que l'enseignement ne soit pas donné par des incapables ou des indignes, a le droit de tracer les conditions morales d'admission aux fonctions d'instituteur; mais la moralité exigée ne doit pas être liée à telle ou telle croyance, tel est notre sentiment, parce que nous croyons tout au moins inutile que l'instituteur soit chargé, sous forme de prières, de catéchisme, d'histoire sainte, etc., d'une partie de l'enseignement religieux. C'est aux parents que revient l'accomplissement de ces devoirs, s'ils les reconnaissent et les acceptent; c'est à eux à confier à qui de droit, c'est-à-dire aux docteurs de leur croyance, le soin d'y élever leurs enfants, et l'instituteur, en cette occasion, n'a qu'à se conformer à la volonté des parents. Ce n'est pas à lui de conduire les enfants à l'église ou au temple, c'est au prêtre ou au pasteur d'organiser les instructions de manière à ce qu'elles ne nuisent pas aux leçons de l'école. Cela n'est, du reste, pas difficile, et de cette manière l'instituteur ne serait plus forcé, comme cela est arrivé, d'osciller entre l'hostilité ou la servilité. Il ne deviendrait pas, comme cela serait à craindre dans l'hypothèse dont nous parlions en commençant, l'antagoniste de l'éducateur religieux : chacun resterait dans sa fonction, avec toute l'indépendance nécessaire pour la bien remplir.

Nous supposons donc, et ce n'est qu'une question de temps, l'instituteur chargé uniquement de l'instruction élémentaire et scientifique des enfants. Nous comprenons que cet enseignement soit renfermé sévèrement dans le programme tracé, et que la liberté de l'instituteur ne puisse aller jusqu'à le modifier, même sous prétexte de l'élargir. Doit-il en être de même cependant lorsque les leçons, au lieu d'être données à des enfants, s'adressent à des hommes ? Les écoles du soir pour les adultes ne peuvent-elles revêtir un caractère plus élevé, plus libre, plus digne de notre temps et de notre nation ?

Singulière inconséquence de notre administration et de notre législation ? Ecrivains, imprimeurs, libraires, mettent en circulation, sans aucun obstacle, une foule d'idées qui font leur chemin et contribuent, qui plus, qui moins, au progrès général : les opinions s'entrecroisent, se combattent, prenant pour juge la raison du lecteur. Et ce qui est permis à quiconque se sent assez hardi pour prendre une plume, le fonctionnaire chargé spécialement et par diplôme d'instruire ses concitoyens ne croit pouvoir le faire que dans une limite excessivement restreinte, qu'exagère encore la peur de la disgrâce ou de la destitution. Ses leçons ne sortiront jamais, quant aux sciences, des définitions arrêtées dans les conciles académiques, dussent-elles être en retard de toutes les découvertes nouvelles, et quant à l'histoire, des opinions et des appréciations imposées par chaque gouvernement qui se succède.

Les exagérés conservateurs qui conseillent ces faiblesses administratives devraient cependant voir, par une expérience de soixante ans, ce que valent ces absurdes précautions, qui n'ont rien conservé, ni erreurs scientifiques ni incapacités gouvernementales. Est-ce qu'une bonne fois on n'essaiera pas de laisser un peu d'initiative à ces milliers d'hommes intelligents jusqu'ici emprisonnés dans les toiles d'araignées de la réglementation, ne fût-ce que pour voir ce que l'on y gagnerait ou perdrait?

Pourquoi les écoles du soir destinées aux adultes ne se transformeraient-elles pas sous l'influence d'une idée largement libérale? Pourquoi n'y tenterait-on pas une résurrection de cette excellente chose que nous avons expérimentée un instant en 1848, les lectures publiques? Pourquoi l'instituteur ne serait-il pas autorisé à créer, par souscription, par dons, par tous les moyens de son initiative, le noyau de la bibliothèque communale? Pourquoi pas en même temps un commencement de musée scientifique?

Les lectures publiques pourraient avoir, au sein des campagnes, une immense influence. Le travailleur des champs se fatigue à lire, peu habitué qu'il y est; et d'ailleurs cela lui est impossible le soir, lorsqu'il rentre accablé par son pénible labeur. Ceux qui lisent mal, ceux qui ne savent pas lire peuvent comprendre une lecture bien faite. L'instituteur y gagnerait lui-même autant et plus peut-être que ses auditeurs. Mais il ne faudrait pas échouer dès le début, en se laissant aller au désir des lectures «édifiantes. » Cela est trop souvent synonyme de soporifique. Pour commencer, il faudrait, au contraire, de l'attrait, beaucoup d'attrait. Voilà pourquoi nous demandons qu'on laisse aux hommes chargés de ces moyens d'instruction, de l'initiative, de la liberté et de l'indépendance.

Les lectures publiques échoueraient, nous le répétons (et ce serait un mal plus grand que de n'en avoir pas tenté la réalisation), si l'on ne leur donnait dès l'abord un grand intérêt dramatique. A défaut du théâtre, les voyages, les naufrages, des récits de batailles même, s'il le fallait absolument, peuvent captiver l'intérêt de l'auditeur et lui donner, ce qui est si difficile à obtenir, l'habitude de la lecture publique. Comme en définitive le choix des lectures dépend beaucoup des dispositions et de la nature de l'auditoire, l'instituteur sera le meilleur juge. Cela dépendra naturellement aussi des livres qu'il aura à sa disposition, et nous voici tout amenés à parler de la bibliothèque que nous désirons voir former au sein de chaque commune.

XXIII

La plupart des gouvernements de ce siècle ont songé à l'idée des bibliothèques communales; mais cette institution est constamment restée à l'état de projet. Ce serait une lourde dépense à porter à un budget qui en comprend tant d'autres, considérées, bien à tort selon nous, comme plus immédiatement obligatoires. Le mieux serait de faire soi-même ce qu'un gouvernement ne ferait d'ailleurs que tres incomplétement. Nous savons comment se passent ces choses, quand de la belle théorie elles passent à la pratique. Les bibliothèques données aux communes par un gouvernement quelconque ressembleraient trop à ces portraits de monarques ou à ces statues allégoriques que chaque mairie reçoit régulièrement tous les dix ou quinze ans, et il les faudrait, sans doute aussi, reléguer au grenier ou à la cave, peut-être même en faire un auto-da-fé, chaque fois qu'un nouveau nuage passerait sur l'horizon politique.

Il faut donc résolûment conquérir la bibliothèque communale par la bonne volonté de chacun. Mais en supposant les ressources nécessaires réunies pour le local et l'achat de quelques livres, reste le choix de ces livres, et la question aussi de savoir si l'on refusera ou acceptera tels ou tels livres offerts par les particuliers. Pour nous, et au nom des sentiments de véritable liberté qui nous ont guidé dans ce travail, la question n'est pas douteuse. On ne devrait refuser que les quelques livres, assez rares, qui sont notoirement immoraux, (en supposant qu'ils fussent offerts), et accepter les autres sans distinction de croyance et d'opinion. Il arrivera bien sans doute que les catholiques, d'une part, et les légitimistes, de l'autre, auront le haut bout dans les rayons de la bibliothèque; mais pourvu que le principe d'acceptation générale ne subisse pas de modification, les livres opposés ne feront pas longtemps défaut. Les dévouements qui ont créé autrefois les associations pour l'instruction du peuple, et qui ont fait depuis dans cette voie tout ce qu'il a été possible de faire, ne resteront pas inactifs. Peut-être alors le pouvoir social, comprenant que le livre est un instrument plus puissant encore que le canon rayé, se déciderait-il à faire appel aux sommités de la science pour donner aux bibliothèques communales le caractère d'une institution complémentaire de l'enseignement. La marche que nous indiquons serait, croyons-nous, une des plus sûrs moyens de l'y amener.

XXIV

Nous avons dit qu'à la bibliothèque devrait être annexée une sorte de musée scientifique. Il ne s'agit point, on l'a bien compris déjà, d'exposer des œuvres d'art, dont le prix serait d'ailleurs inaccessible à la bourse exiguë des communes; mais tout simplement de profiter des occasions pour faire certains enseignements qui ne peuvent se donner que par les yeux. Les événements extérieurs, les guerres, les voyages, peuvent donner lieu à des leçons de géographie, d'autant mieux reçues que le sujet qui leur donne lieu préoccupe davantage. La guerre d'Italie, l'annexion de la Savoie et de Nice, l'expédition de Chine, les massacres de Syrie, pouvaient être en ces derniers temps le motif et le sujet d'études faites sur des cartes largement dessinées, et que l'instituteur aurait pu exécuter sur une plus grande échelle, d'après des modèles fournis administrativement. La géologie, la botanique, l'histoire naturelle, d'autres sciences encore, ont besoin d'être expliquées par des figures qui orneraient le musée en question.

D'autres études, non moins profitables, intéressantes et curieuses, exigent des instruments plus coûteux, qu'il serait très important de mettre, sinon d'une façon permanente, au moins ambulatoirement, à la portée des habitués des lectures publiques de la bibliothèque. Il nous est revenu à ce sujet, en mémoire, une idée émise par un homme qui a rendu de grands services à la cause de l'instruction, M. de Gérando, idée que nous soumettons à la fois à l'industrie privée, à l'Etat et aux communes elles-mêmes. Elle entraîne la réforme et toute une nouvelle organisation des fêtes foraines.

Il n'est pas un homme intelligent qui ne rougisse de honte pour sa nation et son époque en voyant de quels éléments se composent les divertissements offerts aux habitants des campagnes, et même à ceux des villes, lors des fêtes patronales annuelles consacrées par l'usage. Des tribus de bohémiens en haillons, abrités à demi sous des tentes déguenillées, s'annonçant par d'épouvantables charivaris ; des monstres hideux ou grotesques, des escarpolettes à donner le mal de mer, des tournois à étourdir les enfants, des représentations théâtrales qui datent du moyen âge, d'atroces peintures, des jeux sanglants, des exercices de brutes, le bruit, la cohue, le désordre, voilà la fête de village!

Quelquefois une seule exception se produit, et de cette exception nous voudrions voir faire la règle. Une machine électrique ambulante distribue des secousses à qui les veut recevoir, et à la grande joie de la galerie ; mais faute d'explications données à la foule, l'intérêt scientifique s'évanouit, et la machine passe pour quelque sortilége inexplicable.

La police a la haute main sur tous les saltimbanques : elle leur donne ou leur retire l'autorisation d'exercer ce qu'ils osent nommer leur industrie. Il lui serait donc facile de les obliger à la modifier, au grand avantage de la civilisation, et certainement aussi à leur meilleur profit. On pourrait ainsi organiser tout un enseignement ambulant et très attrayant ; l'un, à l'aide d'un télescope, ferait voir, le jour, les taches du soleil et les planètes sur l'horizon, le soir, d'autres planètes, la lune, les étoiles et les amas de nébuleuses. Un autre aurait, au contraire, le domaine des infiniment petits : armé du microscope solaire, il ferait admirer les merveilles anatomiques de la puce et les mystères de la goutte d'eau, les acarus du fromage et les différentes parties du corps de la mouche, etc., etc.; un troisième démontrerait, à l'aide d'un mécanisme, tout le mouvement de notre système planétaire, un globe lumineux au centre représentant le soleil, et tout autour, dans leurs plans d'inclinaison respective, les planètes et leurs satellites; tels autres montreraient, avec un immense globe tournant sur son axe, la vraie figure de notre terre, les mers immenses qui la couvrent, ses chaînes de montagnes, ses diverses contrées ; d'autres encore feraient voir la terre coupée par moitié, sa croûte terrestre, la hauteur des montagnes, la profondeur des mers, l'emplacement des volcans, les couches géologiques, — l'anatomie du corps humain à l'aide des pièces en carton ou en cire coloriées, — les principales villes du monde en vues d'optique, mais dessinées d'après des photographies authentiques et coloriées avec soin, — l'intérieur d'un vaisseau de ligne et d'un steamer, etc., etc. On voit quelles branches nouvelles pourraient ainsi être cuvertes à cette partie de l'enseignement par les yeux.

Les directeurs de ces nouveaux théâtres forains donneraient au public une explication apprise de mémoire, et que leur fournirait le conseil supérieur de l'enseignement. Ils distribueraient, en outre, à chaque spectateur une notice imprimée résumant leur leçon, et destinée à en consacrer le souvenir.

Quant à la question assez grave de savoir si cette nouvelle voie leur permettrait de gagner leur vie, nous croyons que, prohibant les anciens spectacles, cela donnerait aux nouveaux tout autant de spectateurs. Ensuite, les communes pourraient leur accorder, sous forme de subvention, ce qu'elles dépensaient autrefois pour les boîtes, les feux d'artifice, le tir à l'oie, la course en sacs, le mât de cocagne, le jeu du tonneau et les jeux de demoiselles, à la condition que chaque spectacle serait accessible gratuitement, à un jour donné, à tous les enfants de l'école, qui y seraient conduits par l'instituteur. Et, en fin de compte, si toutes ces ressources réunies ne suffisaient pas encore, peut-être l'Etat devrait-il faire les avances de ceux des instruments qui seraient d'un certain prix. Ce qu'il y a de certain, selon nous, c'est que l'idée est praticable, et qu'elle aurait d'excellents résultats.

Si l'on ne croit pas convenable de la réaliser par la voie des théâtres forains, on peut en faire une institution ambulatoire, la confier à un homme instruit, lui adjoindre des employés, et lui faire parcourir d'abord les chefs-lieux de canton, où un local approprié serait plus facile à trouver. Mais nous avouons que le choix du jour des fêtes foraines nous sourit d'autant mieux qu'il réunit les populations de plusieurs villages, et qu'en outre il ferait disparaître ces saltimbanques, que nous considérons comme une honte pour notre temps et pour notre pays.

XXV

L'histoire des temps modernes nous permet déjà d'apprécier, par voie de comparaison, les profondes modifications et les étonnants progrès qui devront nécessairement surgir du développement de l'instruction. On se demande si le nom de *panacée universelle*, tant de fois employé à faux, n'aurait pas enfin trouvé ici une sérieuse application, et si les derniers ignorants, en disparaissant, ne feront pas tomber le dernier obstacle à l'établissement d'une société véritablement fraternelle. Nous vivons à une époque assombrie et dans un monde peu enthousiaste, froissé qu'il est encore de ses désillusions et de ses mécomptes d'hier ; les utopies ne sont donc guère de mise, aussi n'abordons-nous qu'avec la plus grande réserve cette partie de notre travail où nous voulons exposer les conséquences probables, infiniment probables, de la généralisation du savoir.

Personne ne contestera que, de toutes les nations européennes, c'est la France qui a toujours été la plus ardente à réclamer et à conquérir des institutions libérales et égalitaires. Sans vouloir en rien toucher aux questions de politique proprement dite, nous pouvons constater que les sentiments, les désirs, les passions mêmes de nos compatriotes tendent encore plus vers l'égalité que vers la liberté. Toutes les constitutions de ce siècle ont déclaré les Français égaux devant la loi ; le suffrage universel a appelé tout le monde, sans exception, à l'exercice des droits politiques; et ces conquêtes n'ont fait qu'irriter et grandir chez nous le sentiment de la valeur individuelle. On a souvent essayé de flétrir cette tendance de notre nation : on l'a appelée une manifestation de « l'envie, » l'explosion d'une haine aveugle et sauvage contre toute supériorité, l'essai d'un absurde et dégradant nivellement. Certains faits, malheureusement, ont pu quelquefois donner à ces appréciations une apparente autorité.

Mais ce qui peut être vrai pour quelques-uns ne l'est pas pour tous. Si la misère et l'ignorance ont pu faire éclore des sentiments haineux, et dicter aux envieux une ligne de conduite absurde, on ne saurait condamner en même temps ceux qui ne voient dans l'égalité que l'exaltation de la dignité humaine, et la consécration du respect et de l'affection que se doivent mutuellement tous les membres d'une grande famille. Aucun de ceux-là ne prétend que l'égalité doive faire disparaître la reconnaissance des services rendus par les plus capables et les plus dévoués, et personne de sensé ne voudra voir dans cette formule une négation des différences souvent très grandes qui existent entre les hommes.

Mais c'est quelque chose de séduisant, ce nous semble, que de chercher les moyens d'amoindrir ces différences, et de les réduire aux inégalités naturelles, c'est-à-dire à cette variété d'aptitudes que tous nous apportons en naissant. Dans notre société non entièrement débarrassée des préjugés et des erreurs du passé, on mesure encore trop souvent l'homme à l'habit, à la fortune, à la position. Ces semblants de supériorité ne peuvent perdre leur faux éclat qu'au sein d'une nation éclairée, intelligente, qui comprenne que l'habit n'est que le signe, souvent trompeur, de la fortune; que la fortune ne prouve absolument rien pour ou contre l'intelligence de celui qui la possède, et qu'une position plus ou moins élevée n'est pas toujours le signe de la moralité, de la probité, ni même de la capacité.

Allez au fond des choses, et vous verrez que, souvent, l'hommage rendu à l'habit, à la fortune, à la position, n'est en réalité qu'un coup de chapeau donné à l'intelligence et à l'instruction, supposées exister là plutôt qu'ailleurs. C'est donc une erreur de bonne foi plutôt qu'un mauvais sentiment, quand ce n'est pas une flagornerie calculée pour faire un trou à la bourse de celui qu'on salue. Répandez partout l'instruction, et chacun sera à même de juger mieux de la valeur réelle du voisin : l'habit ne sera plus son *criterium*, sa mesure pour apprécier.

En voulez-vous une preuve? Cette partie active et éclairée du peuple français, qui tient dans ses mains la direction de l'industrie et du commerce, cette autre partie encore plus instruite qui enseigne ou pratique les sciences ou les arts, ce que nous pourrions nommer, enfin, l'aristocratie du savoir, en France, n'a plus le préjugé de l'habit. Elle a le bon esprit de vouloir ressembler à tout le monde : elle ne trouve pas mauvais, au contraire, que l'ouvrier quitte la blouse, en sortant de l'atelier, pour endosser u paletot semblable à celui qu'elle porte. Et cette même aristocratie de l'intelligence est peut-être la seule, en France, qui respecterait un gouvernement en habit noir, comme le fait aux Etats-Unis la population tout entière. Mais ici, le travailleur, celui des campagnes surtout, ne comprend pas encore un pouvoir exécutif, un fonctionnaire de quelque étage qu'il soit, sans panaches, sans dorures, sans broderie. Ce que cherche l'ignorant sous l'habit doré, ce n'est pas l'intelligence, il faut bien le dire, c'est la puissance, c'est la force. Plus instruit, il comprendra, il ne craindra plus; il n'enviera pas; il se respectera lui-même en respectant son représentant, encore qu'il soit vêtu comme lui, et même à cause de cela.

Si l'instruction doit, selon nous, tendre à faire disparaître le préjugé de l'habit, elle n'aura pas moins d'influence sur les idées fausses qui ont cours à l'endroit de la fortune. En poliçant les habitudes des hommes de l'atelier et des champs, elle leur permettra beaucoup plus aisément de se trouver en contact fréquent avec ce qu'on nomme les gens riches, dont la situation est enviée surtout parce qu'elle est inconnue. Nous ne prétendons pas dire qu'il n'y ait pas un navrant contraste entre celui qui manque de tout et celui qui regorge : nous n'avons pas la naïveté d'établir, comme on le fait quelquefois dans la chaire catholique, une comparaison, ridiculement douloureuse et blessante, de la situation du pauvre ouvrier chargé de famille et de celle du millionnaire, tous deux renvoyés aux réparations du jugement dernier, et soumis, en attendant, au régime de l'aumône, donnée par l'un, reçue par l'autre. Nous voulons simplement dire ce qui est, et ce qu'on apprendra, comme nous, quand on aura occasion et facilité de voir de près « les heureux de la terre, » non pas ces exceptions de la banque et de la bourse, ou les héros mensongers des romans, mais ces réalités vivantes du comptoir, de la fabrique, de l'atelier et de la boutique, dans leur lutte incessante et leur fièvre de joueurs, dans l'abrutissement où les plonge l'idée fixe, impérieuse, exclusive, d'une fortune à bâtir ou à conserver.

On peut dire que les poursuivants de cette chimère sont des esprits étroits, qui se suicident moralement. Combien plus heureuse est la destinée de ceux qui ont la sagesse de croire que les satisfactions du savoir sont infiniment supérieures à celles de l'or amassé, et qui ont fait une part de leur vie à l'étude, aimant mieux restreindre leurs besoins physiques que ceux de leur esprit? N'être étranger à rien de ce qui fait l'homme complet, pouvoir comprendre et juger les questions qui s'agitent en dehors des détails inférieurs de la vie matérielle, contribuer à la recherche de ces grandes inconnues qui travaillent l'humanité, prendre sa part du travail intellectuel de notre nation, en même temps que celle du travail qui la nourrit, et subordonner ceci à cela autant que faire se peut, n'est-ce pas comprendre la vie comme elle doit être comprise, et l'homme peut-il être, en dehors de ces idées élevées, autre chose qu'une brute?

Non-seulement l'instruction donne à l'homme une notion plus élevée de sa destinée, elle est encore le meilleur et le plus sûr instrument de son perfectionnement moral; elle l'enlève aux plaisirs grossiers, aux instincts purement matériels, aux conséquences désastreuses de l'oisiveté et aux dangers du soulèvement des passions animales.

On ne se rend pas assez compte des transformations magiques que peut opérer l'instruction au sein de la famille ouvrière. Cette récréation, pleine d'attrait et de curiosité, que donne la lecture, absorbe les loisirs du père de famille et le retient à son foyer, qui n'est plus déserté pour les indigestes joies de la bouteille ou les stupides distractions du brelan et du lansquenet. Et quand aux attraits du livre il est encore permis de joindre l'usage du crayon, d'un instrument musical et l'exercice du chant, la vie de famille se complète et devient aussi heureusement accidentée que dans les régions les plus favorisée de la fortune.

XXVI

Et à d'autres points de vue encore, quels bienfaits n'apporte pas l'instruction? Par elle, et par elle seule, l'homme est véritablement l'égal d'un autre homme; elle lui donne, avec l'assurance de sa propre valeur, le sentiment de sa dignité. Il sait se faire respecter dans les plus humbles positions, exiger d'autrui la politesse dont il est le premier à donner l'exemple, et éviter ainsi la plupart des misères morales dont est semée la vie du salarié. Il sait enfin débattre et discuter ses intérêts ; il est à même de donner à son travail un fini et des perfectionnements qui lui permettent d'en demander un prix plus élevé.

Qu'on nous permette de nous étendre un peu sur les modifications que peut apporter à la condition matérielle du travailleur le développement de son instruction.

Mettez un homme instruit, par conséquent intelligent et capable, aux prises avec les difficultés et l'ennui d'un travail pénible et abrutissant, vous pouvez être certain qu'enfermé dans ce cercle, il fera, pour en sortir, des efforts inouïs et admirables. Toutes les simplifications, toutes les améliorations du travail viennent de là. Partout où une machine a remplacé le bras de l'homme, c'est que le bras seul y était employé, et que, l'intelligence n'y trouvant pas d'exercice, s'était ingéniée pour racheter le corps de cette servitude bestiale. Lorsque les rudes labeurs qui persistent encore à faire de l'homme un simple auxiliaire du cheval ou de l'âne seront abordés par une génération plus instruite des lois de la statique et de la mécanique, on sera tout étonné de voir surgir mille appareils si simples, qu'on ne comprendra guère comment ils n'ont pas été plus tôt inventés, et avec lesquels les ouvriers remueront, comme en se jouant, les fardeaux les plus lourds.

Parcourez nos modernes chantiers de construction dans les grandes villes ; voyez comment maintenant se transportent et se débitent les plus lourdes pierres, et vous reconnaîtrez les signes précurseurs de ce que nous avançons ici. Le scieur de pierre, le batteur de plâtre, le gâcheur de mortier, ont presque entièrement disparu; le moellon s'élève par un treuil, et non plus de mains en mains par l'échelle : les dangers disparaissent en même temps que la rudesse du travail, et, dans toutes les branches industrielles cette tendance se manifeste et prend chaque jour de nouveaux développements.

Les dangers écartés et la peine amoindrie, cela ne suffit pas encore complétement. Il importe aussi que le travail nourrisse son homme. Aujourd'hui telle partie est encombrée, telle autre manque de bras momentanément : il y a des métiers où l'on chôme l'hiver, d'autres où l'on est forcé de se reposer pendant l'été. La pluie, la gelée, la sécheresse, tous les accidents atmosphériques, gênent ou interrompent le travail, et suppriment par conséquent une part du salaire. Or, l'homme instruit secouera bien plus aisément ces vieilles habitudes qui confinent le travailleur dans une seule et unique fonction, impuissante à le faire vivre : il aura désormais, comme on dit, plusieurs cordes à son arc, et arrangera sa vie de manière à n'éprouver de chômage que quand il sentira le besoin du repos ou de l'étude. L'homme instruit, pénétré des saines notions de l'économie politique, connaissant les vraies causes de l'avilissement du salaire, saura quitter les voies encombrées pour celles où les bras sont rares ; il comprendra que son gain doit être proportionnel à la part que son travail apporte à la production générale, et il s'efforcera d'augmenter la valeur de son produit afin d'en tirer plus de profit : il préférera les chances aléatoires de la rétribution *aux pièces*, la vraie rétribution selon les œuvres, à ce mode immoral et humiliant du païement à la journée, où l'ouvrier prend des habitudes de lenteur qui sentent l'esclave et le forçat, et où le patron, transformé en garde-chiourme, surveille chaque mouvement du travailleur pour n'être pas, comme il le dit, *volé* à chaque instant du jour.

Enfin, c'est par l'instruction seulement que les hommes pourront modifier l'inégalité souvent choquante de rétribution qui existe entre les différentes parties prenantes d'une entreprise. Les difficultés pratiques d'une association de travail ne peuvent être vaincues qu'à force d'intelligence et de discipline volontaire, de concessions réciproques et d'esprit de justice. Si, comme nous le croyons, l'instruction est une bonne condition de moralité, elle aura dans cette voie une énorme influence.

XXVII

Elle en aura non moins sur les mœurs, et son effet se fait déjà sentir dans les résultats constatés par les statistiques criminelles. Un magistrat signalait dernièrement avec douleur une recrudescence dans le nombre des méfaits commis contre la propriété ; mais il était en même temps obligé de reconnaître que les attaques contre les personnes avaient subi une diminution, surtout dans l'ordre des faits les plus criminels. Il faut voir là très certainement l'action d'une civilisation plus avancée. C'est quelque chose de relativement meilleur, on l'avouera, que cette transformation des instincts féroces en instincts de ruse, et la filouterie succédant au vol à main armée est très certainement un progrès, parce qu'il est plus facile et moins grave de regarder à ses poches que de défendre sa vie, et qu'en somme si l'instruction peut contribuer à faire d'habiles escrocs, elle donne aussi aux honnêtes gens les moyens de connaître leurs manœuvres et de s'en préserver.

Mais l'instruction doit avoir sur la moralité publique une autre influence que celle-là. En faisant accepter par le raisonnement la nécessité sociale de l'idée de justice, elle assure aux lois morales une plus complète adhésion. En rendant éclatantes les doctrines de solidarité et de liberté, elle fait comprendre la nécessité du respect et de l'aide que se doivent mutuellement tous les hommes : elle prouve, en un mot, ce que les docteurs des diverses religions se bornent trop souvent à affirmer.

Sans doute les hommes instruits peuvent, tout comme les ignorants, laisser dominer leur raison par leurs instincts, nier la loi morale et n'obéir qu'à leurs passions et à leur égoïsme. Mais proportion gardée, les ignorants seront toujours en plus grand nombre dans cette voie antisociale. Car les autres savent ce qu'ils font quand ils font mal : leur responsabilité est entière, leur conscience est pleinement éclairée, et ils n'ignorent pas qu'indépendamment du cri de cette conscience, leur oubli des lois morales et sociales sera sûrement châtié, soit dans leur corps, soit dans leurs sentiments, avant même que la mort soit venue leur poser cette redoutable interrogation :

Caïn, qu'as-tu fait de ton frère ?

L'instruction doit donc, selon nous, contribuer à cette grande transformation de l'humanité qui est en voie de s'accomplir. Si un petit nombre d'hommes éclairés a pu jeter les bases de cette nouvelle société, et remuer le monde aussi profondément, que ne peut-on espérer pour le moment où l'immense majorité comprendra et secondera leurs vues !

Si le progrès n'est pas une chimère, si l'humanité marche, comme nous le croyons, vers une organisation de plus en plus voisine de l'égalité des conditions, si l'idée chrétienne de la fraternité des hommes est bien le phare lumineux qui nous indique notre véritable route, la propagande de l'instruction est la chose sacrée à laquelle doivent se vouer tous les hommes de cœur qui croient en cet avenir.

SOMMAIRE DE LA SECONDE ÉTUDE.

FIN.

Paris. — Impr. de Dubuisson et Ce, rue Coq-Héron, 5.

La *Bibliothèque utile*, consacrée à la vulgarisation des connaissances les plus indispensables à l'homme et au citoyen, a publié en 1859 et 1860, les vingt ouvrages suivants :

I. **Morand.** Introduction à l'étude des sciences physiques.
II. **Cruveilhier.** Hygiène générale.
III. **Corbon.** De l'Enseignement professionnel.
IV. **L. Pichat.** L'Art et les Artistes en France.
V. **Buchez.** Les Mérovingiens.
VI. **Buchez.** Les Carlovingiens.
VII. **F. Morin.** La France au moyen âge.
VIII. **Bastide.** Luttes religieuses des premiers siècles.
IX. **Bastide.** Les guerres de la Réforme.
X. **Pelletan.** Décadence de la monarchie française.
XI. **Brothier.** Histoire de la Terre.
XII. **Sanson.** Principaux faits de la Chimie.
XIII. **Turck.** Médecine populaire.
XIV. **Morin.** La Loi civile en France.
XV. **Fillias.** L'Algérie ancienne et nouvelle.
XVI. **Ott.** L'Inde et la Chine.
XVII. **Catalan.** Notions d'Astronomie.
XVIII. **Cristal.** Les Délassements du travail.
XIX. **Gaumont.** Mécanique appliquée. — Horlogerie.
XX. **G. Jourdan.** La Justice criminelle en France.

Sont en cours de publication les volumes suivants :

Henri Martin et **Hédouin.** Histoire des Gaulois.
H. Carnot. Précis de la Révolution française.
F. Lock. Histoire de la Restauration.
Ch. Rolland. Histoire de la maison d'Autriche.
Eug. Despois. Révolution d'Angleterre.
Emm. Raymond. L'Espagne et le Portugal.
L. Combes. La Grèce ancienne.
H. Leneveux. La Propagande de l'Instruction.
Babaud-Laribière. Système financier de la France.
Elie Margollé. Les Phénomènes de la Mer.
Zurcher. Les Phénomènes de l'Atmosphère.
Lucien Platt. Les Métamorphoses de la Matière.

La *Bibliothèque utile* publiera ensuite d'autres ouvrages de MM. Aristide Guilbert, Jules Bastide, de Ronchaud, F. Sain, Louis Ulbach, Bordillon, de La Bédollière, J. Barni, Buy, Aimable Lemaître, du Bouzet, Victor Meunier, Hénon, George Sand, Emmanuel Arago, Etienne Arago, F. Favre, Louis Jourdan, Émile Jay, Paget Lupicin, Arnaud (de l'Ariége), F. Chevé, Taxile Delord, Maxime Ducamp, Garnier-Pagès, B. Gastineau, Octave Giraud, H. Grignan, L. Havin, Aimé-Paris, Richard (du Cantal), Jules Simon, Daniel Stern, E. Charton, Vacherot et Hubert Valleroux.

Paris. — Imprimerie de Dubuisson et Ce, rue Coq-Héron, 5.

www.ingramcontent.com/pod-product-compliance
Ingram Content Group UK Ltd.
Pitfield, Milton Keynes, MK11 3LW, UK
UKHW012048240726
13965UKWH00003B/1137